IN HOC SIGNO VINCES

RÖMISCHES
SEEHANDELSRECHT

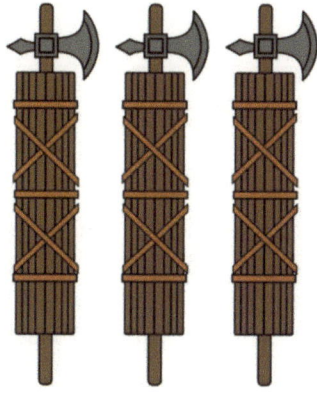

Gaius Quirinius Maiorstramini
alias

GERHARD STROHMAIER

Rechtsanwalt und Fachanwalt für Steuerrecht a.D.; Halle/S.

Bibliografische Information der Deutschen Nationalbibliothek: Die Deutsche Nationalbibliothek verzeichnet diese Publikation in der Deutschen Nationalbibliografie; detaillierte bibliografische Daten sind im Internet über dnb.dnb.de abrufbar.

Impressum:
Gerhard Strohmaier, Burger Hof 13, 06124 Halle/S.
netvocat@aol.com

Herstellung und Verlag: BoD – Books on Demand, Norderstedt

ISBN: 9783758369711

5

Inhaltsverzeichnis

Abkürzungsverzeichnis

a.u.c.	*ab urbe condita* (Beginn der römischen Zeitrechnung, ab 21. April 753 v.Chr.G.)
Baumb/Hopt[35]	Baumbach/Hopt, Kommentar zum HGB, 35. A., 2012
C.	Codex
CICiv.	Corpus Iuris Civilis
D.	Digesten
Gai.	Institutionen des Gaius
Honsell	Römisches Recht, 8. A. 2015
i.A.	im Allgemeinen
iFd/v	in Form des/der/von oder im Fall des/der/von
Inst.	Institutionen Justinians
KKL	Kaser/Knütel/Lohsse, 21. A., 2017
Palandt	Komm. z. BGB, soweit nicht anders angegeben 78. A., 2019
PiKo	Pichler/Kossarz, Casebook Römisches Recht, Wien 2014

§ 1 Bedeutung des Seehandels im *Imperium Romanum*

[1] Wie auch heute[1] hatte der Seehandel eine immense Bedeutung für die Wirtschaft der römischen Antike. Es gab Verbindungen nach Gallien, Afrika und Sardinien, um wesentliche, aber auch **Luxusgüter** zu importieren. So bspw. **Holz** für den (Kriegs-)Schiffbau oder Lebensmittel für den gehobenen Bedarf wie **Wein, Datteln** und, aus Baetica[2], dem heutigen Andalusien, **Oliven**, die nicht nur kulinarische Verwendung fanden, sondern deren Öl auch zur Beleuchtung diente[3]. Ferner, Gipfel des Luxus in der Möbelproduktion, **Zitronenholz** aus dem Atlasgebirge, aber auch **Purpur** aus Tyrus, *das* unerlässliche Essentiale antiker Haute Couture, **Perlen** aus Palmyra, Petra oder Alexandria sowie **Seide** aus China[4], aber auch von der Insel Kos[5], wobei aus letzterer die *coae vestes*[6], die durchsichtigen(!) koischen Seidengewänder der Hetären, gefertigt wurden. Der Hafen von Alexandria soll jährlich bis zu

---

[1] Https://geohilfe.de/welthandel-seeweg-visualisiert/#google_vignette: „Der Welthandel auf dem Seeweg hat immense Bedeutung am globalen Güterverkehr: **90% des Welthandels** werden über den Schiffverkehr abgewickelt. Es sind über 50.000 Handelsschiffe unterwegs, auf denen mehr als eine Million Matrosen aus Ländern aller Welt arbeiten" (abgerufen 22.12.2023, Hervorh. i.O.).

[2] Der Begriff findet sich noch heute im Namen des Fußballclubs Betis Sevilla (https://de.wikipedia.org/wiki/Betis_Sevilla, 03.01.24).

[3] Ja, die Römer erleuchteten ihre Umgebung mit Kaltgepresstem. Näheres bei KLOFT, Die Wirtschaft des Imperium Romanum, Mainz 2006, S. 24 f.

[4] Https://lehrerfortbildung-bw.de/u_gewi/geschichte/gym/bp2016/fb6/8_fenster/9_u_lsg/seide/ (abgerufen 22.12.2023).

[5] Https://de.wikipedia.org/wiki/Kos (abgerufen 22.12.2023).

[6] KLOFT aaO (FN 3) S. 50; https://de.wikipedia.org/wiki/Koische_Seide (22.12.2023).

300 Mio. HS allein an Zöllen erbracht haben[7]. Zum Vergleich: Ein Hauslehrer verdiente 1.000 HS p.a.[8]

[2] V.a. aber war der Seehandel unerlässlich zum Import des lebensnotwendigen **Getreides**, da Rom sich aus seinem Umland nicht ausreichend mit Lebensmitteln versorgen konnte[9] und deshalb die Getreideversorgung zunächst aus Sizilien, später auch Ägypten sicherstellen musste *(annona)*[10]. Dies ging so weit, dass diese Gebiete gezwungen wurden, 10% ihres Jahresertrags nach Rom zu verkaufen[11], um die Ernährung von dessen Bevölkerung zu gewährleisten. Die *navicularii*, die die Schiffe zum Getreideimport betrieben, genossen umfangreiche Privilegien: Sozialer Aufstieg war ihnen unter *Claudius* sicher, und *Nero* gewährte ihnen Steuerermäßigungen[12]. Hierzu Höckmann: „Das Funktionieren dieser Importe ist für Rom ein Politikum ersten Ranges gewesen, um Unruhen in der Hauptstadt zu vermeiden[13]."

Stecklina meint, es seien zur Versorgung Roms jährlich 800 Schiffe nötig gewesen, weil aber ein beträchtlicher Teil sank, kommt er auf 1.000[14]. Dabei geht er von 320.000 Haushalten à 45 kg/Mo. aus und kommt auf einen Gesamtbedarf von 270.000 t. Ich komme bei Zu-

---

[7] Kloft, aaO (FN 3), S. 78. Die Zollsätze werden dort allerdings nicht genannt.

[8] Kloft, aaO (FN 3), S. 110.

[9] Kloft, aaO (FN 3), S. 50; Stecklina, http://www.stecklina-net.de /~oliver/download/schifffahrt.pdf, S. 8 (22.12.2023).

[10] Hofmann, https://www.die-apostelgeschichte.de/einzelthemen /PaulusRomreise.pdf, S. 31; Stecklina aaO (FN 9), S. 8 f.; https: //de.wikipedia.org/wiki/Praefectus_annonae; https://de.wikipedia. org/wiki/Cura_annonae (alle abgerufen 22.12.2023).

[11] Höckmann, antike Seefahrt, München 1985, S. 75 f.

[12] Huissen, https://www.romanports.org/en/articles/human-interest/657-the-roman-shipowners.html, „Dominus navis" (25.01.2024).

[13] AaO (FN 11), S. 76.

[14] AaO (FN 9), S. 8.

grundelegung dieser Zahlen aber nur auf ca. 173.000 t. Bedenkt man, dass nur wenige Schiffe die Maximallast von 1.000 t laden konnten, und geht deshalb von einer durchschnittlichen Größe von 300 t[15] aus, so kommt man auf ca. 600 Schiffe und bei Einrechnung eines Schwunds von ca. 20%[16] auf 750 Schiffe. HOFMANN kommt allerdings, wenn auch aufgrund anderer Berechnungsgrundlagen, ebenfalls auf 800 bzw. 1.000 Schiffe[17].

[3] Selten hingegen war anfänglich der Passagiertransport[18], der jedoch mit zunehmendem Reichtum der römischen Bevölkerung an Bedeutung gewann. Reiche Kaufleute unternahmen sogar Lustreisen zu Sehenswürdigkeiten, Offiziere wurden versetzt, Truppen an überseeische Kriegsschauplätze verlegt, und hohe Beamte unternahmen Inspektionsreisen in

---

[15] Dies dürfte schon recht hoch gegriffen sein. Denn während einer Hungersnot(!) gewährte Kaiser *Claudius* besondere Steuervorteile für den Bau von Frachtern über 10.000 *modii* Tragfähigkeit (5 *modii* Korn sind etwa 45 kg, 10.000 *modii* entsprechen also etwa 90 Tonnen Korn) und für die Durchführung von *Annona*-Reisen auch im Winter anbot (HOFMANN, aaO [FN 10], S. 31). HOFMANN hält bereits 450 Tonnen Korn pro Schiff für sehr viel und fügt an: „Rechnet man mit 10.000 *modii* Korn pro Schiff, so ergibt sich eine Zahl von 4000 Schiffsladungen, also machten sich mit den Verlusten eingerechnet jährlich 4800 *Annona*-Frachter auf die Reise. Welche der Zahlen nun der Wahrheit am nächsten kommen, wage ich jedoch nicht allein aufgrund dieser einen Quelle (gemeint ist HÖCKMANN [FN 11], Anm. d. Verf.) mit Zahlenangaben zu entscheiden."

[16] HOFMANN, aaO (FN 10), S. 32.

[17] AaO (FN 10), S. 32.

[18] Hierzu HOFMANN, aaO (FN 10), S. 26. DEMAROLLE, Reisen im Imperium Romanum, 2010, S. 19, re., meint allerdings, Geschäftsreisen seien zahlreich gewesen, bezieht sich hierfür allerdings lediglich auf die Ladungen von Schiffswracks, also auf geschäftlich veranlasste *Transporte*. Allerdings wurden die Warentransporte häufig von einem Sklaven des Befrachters begleitet.

überseeische Provinzen[19]. Der Sklaventransport fällt nicht hierunter, da Sklaven als Sachen angesehen wurden[20].

Angesichts dieser herausragenden Bedeutung des Seehandels, aber auch der damit verbundenen Risiken ist es naheliegend, dass die damit zusammenhängenden Probleme einer differenzierten rechtlichen Regelung unterzogen wurden, wie wir das von den Römern der Antike kennen. Immerhin heißt es in D. 14, 1, 1, 20 in Bezug auf die *actio exercitoria*, dass „die Reederei mit den wichtigsten Angelegenheiten des Staates in Beziehung steht." Dennoch, die Quellen über das römische Seehandelsrecht sind spärlich. Im Wesentlichen sind folgende Materien geregelt:

1. die *lex Rhodia de iactu*, das Rhodische Gesetz über den Seewurf, in D. 14, 2;
2. die *actio exercitoria*, die Klage gegen den Reeder, in D. 14, 1, ferner
3. das *foenus nauticum*, das Seedarlehen, in D. 22, 2 sowie
4. die *receptum*-Haftung der Reeder in D. 4, 9.
5. Daneben gibt es noch einige verstreute Vorschriften zum Vertragsrecht zwischen Befrachter und Verfrachter, die ebenfalls Berücksichtigung finden.

Diese Materien sollen in dem folgenden kurzen Abriss dargestellt werden.

Zum Schluss noch folgender Hinweis bzgl. der Quellen: Was das *Corpus Iuris Civilis* angeht, habe ich mich der aus den 1830er Jahren stammenden Übersetzung bedient, die über http://digital.ub.uni-duesseldorf.de/urn/urn:nbn:de:hbz: 061:1-28361 (abgerufen Januar 2024) zugänglich ist, sie aber nicht wörtlich zitiert und ggf. sprachlich geglättet, um den Lesefluss nicht zu hemmen. Die Institutionen des *Gaius* folgen der Übersetzung von HUCHTHAUSEN in DIESELBE/HÄRTEL, Römisches Recht, Berlin, Weimar 1975.

---

[19] STECKLINA, aaO (FN 9), S. 12.
[20] Zur Bedeutung des Seehandels s.a. RINCKENS, BRZ 2023, 121/2.

§ 2 Die lex Rhodia de iactu

1.) Zusammenfassung

[4] *Sedes materiae* ist D. 14, 2.

Der **Grundsatz** findet sich in D. 14, 2, 1, wonach wenn zur Erleichterung eines Schiffs, um dies aus der Seenot zu retten, Waren ausgeworfen worden sind, der Verlust durch Beiträge aller ersetzt werden muss.

[5] **Anspruchsinhalt und Anspruchsgegner:** Dabei haben die Eigentümer der aufgeopferten Waren gegen den *magister navis* einen Ersatzanspruch aus dem Transportvertrag, dessen Inhalt strittig ist. Teils soll er auf ein Zurückbehaltungsrecht gegen die Ersatzverpflichteten gehen, deren Waren geschont worden waren, so *Servius*, teils auf Zahlung, so *Paulus*, der jedoch das Zurückbehaltungsrecht für den Fall, dass Waren gerettet wurden, anerkennt und auch für zweckmäßig hält.

[6] **Anspruchsberechtigt** sind v.a. die, deren Waren geopfert wurden. Aber auch wenn jemandes Waren infolge des Seewurfs bloßgelegt und infolgedessen beschädigt wurden, hat er Anspruch auf Entschädigung. Denn der Jurist *Papirius Fronto* sieht keinen Unterschied darin, ob man die Waren (oder auch Perlen und Edelsteine oder kostbare Gewänder) durch den Wurf verloren, oder ob sie, weil sie dadurch bloßgelegt worden sind, an Wert eingebüßt haben. Wurden aber die Waren nicht infolge des Seewurfs, wenn auch evtl. zeitgleich mit diesem, sondern dadurch beschädigt, dass durch ein Leck Wasser eingedrungen ist, so besteht kein Anspruch, aber eine Beitragspflicht. IF eines *non liquet* bzgl. der Ursache des Schadens an den im Schiff verbliebenen Waren besteht kein Ausgleichsanspruch, aber die Beitragspflicht richtet sich nach dem nach der Beschädigung verbliebenen Restwert, nicht nach dem sonst anwendbaren Wert im Bestimmungshafen.

Sonderfall Piraterie: Wer Geld opfert, um das Schiff aus der Gewalt von Piraten freizukaufen, hat dieselben Ansprüche wie der, dessen Waren beim Seewurf geopfert wurden, nicht aber der, der einen individuellen Schaden ausgleicht (Freikaufen geraubter Sklavinnen bspw.).

[7] Wirtschaftlich Verpflichtete: Auch solche Personen sind zur anteiligen Tragung der Aufwendungen des Seewurfs verpflichtet, die keine Waren geladen haben, an denen ein Zurückbehaltungsrecht ausgeübt werden könnte, wie z.b. der Schiffscharterer und Passagiere, die keine Waren begleiten, sondern als reine Fahrgäste an Bord sind.

[8] Regress: Jedenfalls aber hat der *magister navis* seinerseits gegen die übrigen Eigentümer, deren Waren durch den Seewurf gerettet worden sind, aus dem Transportvertrag einen Regressanspruch, was mE voraussetzt, dass er entweder denjenigen, der seine Waren aufgeopfert hat, befriedigt hat oder ihm den Regressanspruch abtritt.

[9] Handeln zur Rettung des Schiffes und der Ladung ist *Dreh- und Angelpunkt* des Entschädigungsanspruchs. Sie müssen geglückt sein: Das Seewurfrecht der *lex Rhodia de iactu* setzt Erhaltung des Schiffes voraus. Weshalb, wenn das Schiff zu Vermeidung gemeinsamer Gefahr beschädigt wird, der Schaden von Befrachtern und Passagieren gemeinsam getragen werden muss. Nicht aber, wenn das Schiff in einem Sturm beschädigt wird, *ohne* dass der Kapitän ein Manöver zur Rettung der Waren gefahren hat, u.zw. auch dann nicht, wenn sämtliche Waren wohlbehalten im Zielhafen ankommen.

[10] Berechnung des Beitrags: Bei der Verteilung des Schadens sind die geretteten und die geworfenen Waren wertmäßig zu addieren. Die geretteten sind mit ihrem Verkaufswert im Bestimmungshafen anzusetzen, die geworfenen mit dem Wert im Ausgangshafen. Die Eigentümer der geretteten Waren müssen im Verhältnis ihrer Werte die Schäden der Eigentümer der aufgeopferten im Verhältnis deren Werte ersetzen.

Zur Entschädigung beizutragen haben aber nicht nur die, die schwergewichtige Waren an Bord gebracht hatten, die gerettet wurden, sondern auch diejenigen, die Waren in das Schiff gebracht hatten, wodurch es nicht belastet wurde, wie Edelsteine und Perlen, sowie der Eigentümer des Schiffs; einzige Ausnahme: Lebensmittel.

[11] **Mankohaftung:** Auch wenn sich der Anspruch gegen den *magister navis* richtet, so trifft diesen doch keine Mankohaftung. Das Manko ist vielmehr unter den übrigen genauso zu verteilen wie der Entschädigungsanspruch, also im Verhältnis des Wertes ihrer Waren im Bestimmungshafen.

[12] **Wieder aufgefundener Seewurf** verringert den Anspruch, ggf. bis auf Null, bzw. verpflichtet zur Rückzahlung geleisteter Entschädigungen.

Ein sog. **Strandrecht** ist *nicht* anerkannt: Vielmehr bleibt eine ausgeworfene Sache im Eigentum ihres Herrn und gehört nicht dem Finder, da sie nicht für verlassen erachtet wird.

[13] **Umladung:** Es macht keinen Unterschied, ob Waren zur Erleichterung des Schiffs geworfen oder auf ein anderes Schiff umgeladen werden, das sinkt. Die Ansprüche aus dem Seewurf bestehen in gleicher Weise. Hingegen wenn das Boot mit einem Teile der Waren geborgen, das Schiff aber untergegangen ist, so können die, die im Schiff etwas verloren haben, nichts berechnen, weil der Seewurf nur dann verteilt wird, wenn das Schiff gerettet wird.

2.) Bedeutung und Ursprünge

[14] Dass das Meer kein sicherer Ort ist, war schon dem Apostel Paulus klar, schreibt er doch: „dreimal habe ich Schiffbruch erlitten, einen Tag und eine Nacht trieb ich auf dem tiefen Meer"[21]. Natürlich waren die Reisen oft lang[22] und

---

[21] 2. Kor 11, 25, s.a. Apg 27, 14 ff., wo bei 18 ein Seewurf geschildert wird.

gefahrvoll[23]. Es lag nahe, dass man hier bestimmte Regelungen schuf, wie man sich in Gefahr zu verhalten hatte und welche Folgen dies nach sich zog.

[15] Zu diesen gehört das rhodische Seerecht. Es war so bedeutend, dass selbst der Kaiser sich nicht darüber stellte. So hatte ein Eudämon aus Nikomedien[24] eine Bittschrift an den Kaiser Antoninus[25] gerichtet, in der er ihm sein Maleur berichtete und um eine kaiserliche Entscheidung zu seinen Gunsten bat: „Herr Kaiser Antoninus, wir sind, nachdem wir bei Italien [oder Ikaria] Schiffbruch gelitten, von den Zollpächtern, die auf den Kykladischen Inseln wohnen, geplündert worden." Man würde jetzt eine Entscheidung des Kaisers, sei es zusprechend oder abschlägig, erwarten. Doch der antwortete nur: „Ich bin wohl Herr der Erde, Herr über das Meer aber ist das Gesetz. Nach diesem rhodischen Gesetz über nautische Angelegenheiten soll die Sache entschieden werden, soweit nicht

---

[22] Wie lang, erfährt man hier: https://orbis.stanford.edu/ (23.12. 2023). So dauerte bspw. eine Schiffsreise von Alexandria nach Burdigala im Sommer ca. 47 Tage und kostete ugf. 4.700 HS oder 1.180 *denarii.*

[23] Sehr anschaulich zu diesem Thema ist die Arbeit von HOFMANN, hierbei v.a die Aussagen zu den Getreidetransporten aus Alexandria nach Rom, aaO, (FN 10), S. 31: Von Alexandria aus waren - strömungs- und witterungsbedingt - max. 2 Transporte jährlich möglich, von Rom aus einer (S. 34). Zu den Gefahren des Seetransports s. die Schilderung aaO, Text bei FN 101, ferner DEMAROLLE, aaO (FN 18), S. 23, li.: „Schiffbruch, nach den entdeckten Wracks zu urteilen, ist an der Tagesordnung", dort auch zu Piraterie.

[24] Https://de.wikipedia.org/wiki/Nikomedia (15.02.2024).

[25] Entweder *Antoninus Pius* oder *Marcus Aurelius.* Dies ist nicht gesichert, da *Mark Aurel* sich nach der Thronbesteigung, nach seinem Adoptivvater *Antoninus Pius,* Marcus Aurelius Antoninus Augustus nannte.

eine unserer Bestimmungen entgegensteht"[26]. Wie dieser Fall nach rhodischem Seerecht zu entscheiden war, wissen wir nicht. Was uns hier beschäftigt, ist das rhodische Gesetz über den Seewurf, die *lex Rhodia de iactu*, die ein Ausschnitt aus dem rhodischen Seerecht war[27]. Ihr Ursprung liegt, daher der Name, auf Rhodos[28]. Ende des 3. vorchristlichen Jahrhunderts hatte Rhodos eine dominante Stellung im Seehandel im östlichen Mittelmeer und der Ägäis. Es wird vermutet, beim rhodischen Seerecht habe es sich um kodifiziertes Gewohnheitsrecht gehandelt, eine im Handelsverkehr des Mittelmeeres anerkannte Usance, die zum regelmäßigen Inhalt der Seefrachtverträge wurde und die Anerkennung der römischen Juristen und *Justinians* gefunden habe[29].

3.) Grundsatz, Parteien

[16] Der Inhalt der *lex Rhodia de iactu* lässt sich kurz zusammenfassen: Durch das Rhodische Gesetz ist bestimmt: Wenn **zu Erleichterung eines Schiffs Waren ausgeworfen** worden sind, muss der **Verlust durch Beiträge aller ersetzt** werden, weil er für alle hingegeben worden ist[30].
[17] Die Regel scheint simpel und einleuchtend. Doch so einfach sind die Dinge nicht. Es ergibt sich daraus vielmehr

---

[26] D. 14, 2, 9. Ich gehe hier und i.f. von der Übersetzung http://digital.ub.uni-duesseldorf.de/ihd/content/titleinfo/1874147 (abgerufen Januar 2020) aus, gebe sie aber nicht wörtlich wieder, sondern in meinen Worten, wobei ich auch moderne Termini benutze. Dies erhöht die Lesbarkeit und damit das Verständnis.
[27] HÖCKMANN aaO (FN 11), S. 171.
[28] WAGNER, http://local. droit.ulg.ac.be/sa/rida/file/1997/wagner.pdf, S. 357.
[29] WAGNER, aaO (FN 28) , S. 360.
[30] D. 14, 2, 1. S.a. C. 11, 5, 6, wo es allerdings um öffentlich-rechtliche Abgaben geht.

eine Fülle von Problemen, denen im Folgenden nachgegangen werden soll. Zunächst verhält es sich so, dass die **Eigentümer der aufgeopferten Waren** gegen den *magister navis*[31] einen **Ersatzanspruch** aus dem Transportvertrag haben[32], dessen Inhalt strittig ist. So meint *Servius*, er sei darauf gerichtet,

---

[31] Zu diesem Begriff: Der *magister navis* war *nicht*, wie oft fälschlich übersetzt wird, der Kapitän des Schiffes. Vielmehr war er der *kaufmännische* Leiter, während der technische Leiter, der die wesentlichen Funktionen eines Kapitäns, wie wir ihn heute verstehen, ausübte, aber auch die des Steuermannes, der *gubernator* war, dem also weiterreichende Befugnisse als dem *magister navis* zustanden, weil er das Kommando an Bord innehatte. Dies wird durch D. 14, 1, 3 gestützt: Schiffer werden übrigens angestellt, *Transportverträge* über Schiffsraum, es sei zur Güterfracht oder an Passagiere, *abzuschließen*, oder zum Einkaufe des Takelwerks. Wenn aber einer auch zum *Einkaufe und Verkaufe* von Waren angestellt ist, so verpflichtet er auch in dieser Beziehung den Reeder (Hervorh. v. mir). H.J. THALER bestätigt dies: Der kommandierende erste Offizier hieß *magister navis* und war verantwortlich für die Segel, Mannschaft und Ladung (https://hjthaler.wordpress.com/2015/10/19/die-schifffahrt-in-der-antike/#sdfootnote4anc, 04.12.2023). Zwar heißt es in D. 14, 1, 1, 1: Unter dem *magister navis* ist derjenige zu verstehen, dem die Sorge für das ganze Schiff anvertraut ist. Doch soll ein solch umfassendes Verständnis nicht der Wirklichkeit antiker Handelsschiffe entsprochen haben (Einzelheiten bei RINCKENS, BRZ 2023, 120 sub IV/1). Die umfassende Formulierung in D. 14, 1, 1, 1 kann sich auch auf die kaufmännische Seite beschränken. S.a. HÖCKMANN aaO (FN 11), S. 171; unklar SIEVEKING, Das Seedarlehen des Altertums, Leipzig 1893, S. (9). AA wohl HUISSEN, https://www.romanports.org/en/ articles/human-interest/657-the-roman-shipowners.html, der unter der Überschrift *"Magister Navis"* ausführt: „There is little uncertainty about this function. The *magister navis* (captain) was appointed on board by the *navicularius* as deputy and chief responsible. In addition to the *magister*, another person could be appointed to steer the ship, the *gubernator"* (27.12.2023).

[32] D. 14, 2, 2 pr., 1. Satz.

dass er die Waren der übrigen Reisenden zurückhält, bis sie ihren Anteil zur Entschädigung leisten[33]. *Paulus*, der Verfasser des Fragments, hält dies jedoch nicht für notwendig[34], weil es nur begrenzt zielführend ist. Denn es gibt auch Passagiere, die keine Waren transportieren, bei denen die **Zurückbehaltung** also ins Leere läuft[35], er anerkennt sie aber als zweckdienlich[36]. Dennoch soll auch gegen sie ein Regressanspruch bestehen[37]. Dies gilt namentlich für **Schiffscharterer**[38] und solche Passagiere, die nicht, wie in der Antike üblich, ihre oder ihres Herrn Waren begleiten, sondern lediglich als **Fahrgäste** an Bord sind[39].

[18] Jedenfalls aber hat der *magister navis* seinerseits gegen die übrigen Eigentümer, deren Waren durch den Seewurf gerettet worden sind, aus dem Transportvertrag einen **Regressanspruch**[40], was mE voraussetzt, dass er entweder den-

---

[33] D. 14, 2, 2 pr., 3. Satz.

[34] D. 14, 2, 2 pr., 4. Satz.

[35] D. 14, 2, 2 pr., 5. Satz.

[36] D. 14, 2, 2 pr., 6. Satz.

[37] D. 14, 2, 2 pr., 4. u. 5. Satz.

[38] I.O.: *At si non totam navem conduxerit, ex conducto aget.* ME richtige Übers. daher: „Wenn nicht, wird er (der *magister navis*) einen, der das ganze Schiff gemietet (und keine Waren transportiert) hat, mit der Klage aus dem Transportvertrag in Anspruch nehmen." Die Düsseldorfer übersetzen: „Wo nicht, so wird einer, der das ganze Schiff gemietet hat, die Mieterklage *(ex conducto)* haben". Da sie für Miet-, Werk- und Dienstvertrag umfassend die Begriffe Miet- und Vermieterklage verwenden, hätten sie hier zum einen „Vermieterklage" schreiben müssen. Zum anderen ist mE der Ausdruck „hat" falsch. Dies trifft nämlich nur auf den *magister navis* zu. Geht man von dem Schiffsmieter aus, so ist er der „Mieterklage", i.O. *„ex conducto"*, also besser: der Klage des Transportunternehmers, *ausgesetzt.*

[39] D. 14, 2, 2 pr., 7. Satz.

[40] D. 14, 2, 2 pr., 2. Satz.

jenigen, der seine Waren aufgeopfert hat, befriedigt hat oder ihm den Regressanspruch abtritt. Die *ratio* dieser Regelung findet sich in D. 14, 2, 2 pr. *i.f.*, wonach es höchst angemessen *(aequissimum)* ist, dass der Schaden von denen gemeinsam getragen werde, die durch Aufopferung des Eigentums anderer die Rettung ihrer eigenen Waren erreicht haben.

[19] *Problem:* Ein Schiff, in welchem viele Kaufleute verschiedene Arten von Waren verladen hatten und zugleich viele Passagiere, Sklaven sowohl als Freie, fuhren, hatte bei einem schweren Sturme notgedrungen Waren über Bord geworfen[41].

Problemstellung: Darauf wurde gefragt, ob sich alle an dem Seewurf beteiligen müssten, auch diejenigen, die Waren in das Schiff gebracht, wodurch es nicht belastet wurde, wie **Edelsteine** und **Perlen**[42] und welcher Anteil zu tragen sei und ob auch für die **freien Menschen** etwas gegeben werden müsse[43]. Die

[20] *Lösung* folgt aus D. 14, 2, 2, 2 ab Satz 3: Man fand für gut, dass *alle, zu deren Vorteil der Seewurf gereicht, beitragen müssten*, weil sie zu solchem Beitrag wegen Rettung ihrer Sachen verpflichtet seien. Daher sei auch der **Eigentümer des Schiffes** anteilig dazu verpflichtet. Der Betrag des Verlustes muss nach dem Werte der Sachen verteilt werden. *Freie Menschen* können *nicht* geschätzt werden. Die Eigentümer der über Bord geworfenen Sachen werden gegen den *magister navis* die Klage aus dem Transportvertrag haben[44]. So ist auch in Anregung gebracht worden, ob auch die Kleider und die Fingerringe eines jeden mit zu berechnen seien? Und man

---

[41] Sachverhalt nach D. 14, 2, 2, 2, 1. Satz.

[42] Allg. zur Bedeutung des Handels mit Luxuswaren KLOFT aaO (FN 3), S. 66 ff., der hier allerdings überwiegend Landtransport annimmt (S. 68, re.).

[43] D. 14, 2, 2, 2, 2. Satz.

[44] Dies ist lediglich eine Bestätigung von D. 14, 2, 2 pr., 1. Satz.

hat erachtet, es sei **alles** zu berechnen, es wäre denn dies und jenes geladen worden, um verzehrt zu werden, wohin **Lebensmittel** gehören, um so mehr, weil, wenn diese auf der Fahrt einmal mangelten, jeder soviel, wie er hätte, zum gemeinsamen Gebrauch hergeben würde.

[21] *§ 591 Abs. 1 HGB* weicht hier vom römischen Recht ab und nimmt die Fahrgäste und die Schiffsbesatzung von der Erstattung der Kosten des Seewurfs aus.

[22] *Problem:* In Minturnae[45] ist der Liris[46] über die Ufer getreten und drückt mit Macht die Schiffe, die vom Mittelmeer her kommen, aufs Meer zurück. Dadurch gerät die „Minerva" in Bedrängnis. Doch statt des Seewurfs entscheidet der *magister navis Naufragius*, die Waren auf eine *navis oneraria*[47] **umzuladen**. Diese sinkt. Können die Eigentümer der umgeladenen Waren nach D. 14, 2, 1 Umlegung ihres Schadens fordern?

Problemstellung: Bei wörtlicher Auslegung des Fragments nicht. Denn es ist ja kein *Seewurf,* sondern eine geordnete Umladung geschehen. Allerdings geschah diese zur Vermeidung eines Seewurfs, maW: Wäre es zu einem Seewurf gekommen, wäre dies vom wirtschaftlichen Ergebnis her gleich. Wirkt sich dies auf die Erstattungsansprüche des Eigentümers der verlorenen Waren aus? Die

[23] *Lösung* ergibt sich aus D. 14, 2, 4 pr.: Wenn Waren zu Erleichterung eines beladenen Schiffes, weil es mit der Ladung nicht in einen Fluss oder Hafen einlaufen konnte, in ein Boot gebracht werden, damit das Schiff nicht, entweder au-

---

[45] Https://de.wikipedia.org/wiki/Minturnae (04.12.2023).
[46] Https://en.wikipedia.org/wiki/Garigliano (04.12.2023).
[47] Https://en.wikipedia.org/wiki/Ships_of_ancient_Rome#Navis _oneraria; https://en.wikipedia.org/wiki/ Lod_Mosaic (beide 04.12.2023).

ßerhalb des Flusses[48] oder in der Mündung oder dem Hafen, selbst in Gefahr komme, und nun dieses Boot untergeht, so müssen die, deren Waren auf dem Schiffe geborgen sind, den Verlust derer, welche die ihrigen im Boote verloren haben, ebenso anteilig übernehmen, wie wenn dieselben über Bord geworfen worden wären.

Im Originaltext handelte es sich nicht um eine *navis oneraria*, sondern eine *scapha*[49] *(si quaedam merces in scapham traiectae sunt),* die kleiner gewesen sein dürfte.

[24] *Abw. 1:* Die *navis oneraria* erreicht wohlbehalten den Hafen von Minturnae, aber die „*Minerva*" geht unter.

Problemstellung: Eigentlich müsste doch nach dem Prinzip *manus manum lavat* nun denjenigen, deren Waren auf der „*Minerva*" untergegangen sind, das gleiche Recht auf Übernahme ihrer Verluste zustehen wie im Ausgangsfall den anderen. Andererseits ist es das Ziel der *lex Rhodia de iactu*, das Schiff mit dem Großteil der Fracht zu retten. Hier ist es genau umgekehrt.

Lösung: So sieht es auch D. 14, 2, 4 pr. *i.f.:* Hingegen wenn das Boot mit einem Teile der Waren geborgen, das Schiff aber untergegangen ist, so können die, die im Schiff etwas verloren haben, nichts berechnen, weil der Seewurf [nur] dann verteilt wird, wenn das Schiff gerettet ist[50].

---

[48] Wenn WAGNER aaO (FN 28), S. 360 schreibt, die *lex Rhodia de iactu* habe auch für Flußschiffe gegolten, so ist dies nicht nachvollziehbar. Im *argumentum e* D. 14, 2, 4 pr. ergibt sich mE das Gegenteil. Es ist auch unwahrscheinlich, dass die kleine Insel Rhodos die Haftung für Flussschiffer rund um das gesamte Mittelmeer regeln wollte, und in Rhodos selbst dürfte es kaum hinreichend große Flüsse gegeben haben, die eine Regelung notwendig machten. Anders ist dies sicher iRd *actio exercitoria*, für die D. 14, 1, 1, 6 bestimmt: Unter Schiff ist sowohl ein Seeschiff als ein Flussschiff oder was auf einem See fährt oder auch ein Floß zu verstehen.

[49] Http://micmap.org/dicfro/search/gaffiot/scapha m. Abb.

[50] Ähnl. D. 14, 2, 5 pr.

[25] *Abw. 2:* Im Ausgangsfall wurden die Waren auch deshalb auf eine *navis oneraria* und kein anderes Schiff umgeladen, weil es eine Stunde später sowieso auf eine *navis oneraria* hätte umgeladen werden müssen, um den Liris hinaufzufahren, wo *Gaius Aeppeltschus*, der Eigentümer der ausgelagerten Waren, einen Kunden in Fregellae[51] besuchen wollte, dem er die Ladung, schwarze Oliven aus Lilybaion[52], verkaufen wollte. Zwei Stunden später sinkt die *navis oneraria*.

Problemstellung: Wäre das Boot innerhalb der ersten Stunde gesunken, wäre die Sache klar und gem. D. 14, 2, 4 pr. zu entscheiden: Die Eigentümer der auf der *„Minerva"* verbliebenen Waren wären anteilig ersatzpflichtig gewesen, weil die Umladung erfolgte, „damit das Schiff nicht, entweder außerhalb des Flusses oder in der Mündung oder dem Hafen selbst, in Gefahr komme". Die weitere Entscheidung, die Waren des *Aeppeltschus* auch nach einer Stunde noch auf dem Boot zu lassen, erfolgte jedoch nicht deshalb, sondern weil sie zu diesem Zeitpunkt ohnehin darauf hätten umgeladen werden müssen, dieses fiktive Umladen durch die Seenot lediglich vorgezogen worden war. Ändert das etwas?

[26] *Lösung:* Ich meine ja. Es greift hier die Rechtsfigur des rechtmäßigen Alternativverhaltens mit der Maßgabe, dass es sich um gedachtes ebenso rechtmäßiges Alternativverhalten handelt.

Hierzu die „unsterbliche *lex"*[53] D. 14, 2, 10, 1: Wenn du ein Schiff unter der Bedingung gemietet hast, dass deine Waren damit verschifft werden sollten, der Schiffer aber diese Waren, ohne dazu genötigt zu sein, und da er wusste, du wollest dies nicht, auf ein schlechteres Schiff umgeladen hat, und deine Waren mit diesem Schiffe untergegangen sind, mit welchem sie zuletzt gingen, so hast du gegen den ersten

---

[51] Https://de.wikipedia.org/wiki/Fregellae (04.12.2023).
[52] Https://de.wikipedia.org/wiki/Lilybaion (04.12.2023).
[53] Begriff nach KKL, Rdnr. 36.3.

Schiffer die Klage aus dem Transportvertrag. *Paulus:* Das Gegenteil aber gilt, wenn beide Schiffe auf dieser Fahrt untergegangen sind, sofern dies ohne bösen Willen und Fahrlässigkeit des Schiffsvolks geschehen ist. Folgt man hier der Auffassung des *Paulus*, so heißt dies, dass ein gedachtes rechtmäßiges Alternativverhalten insoweit Beachtung findet, als es zum selben Schaden geführt hätte, so dass derjenige, der dessen Ersatz fordert, sich zur Begründung nicht auf die Verletzung der verabredeten Pflicht berufen kann. Dies muss mE aber erst recht dann gelten, wenn das tatsächliche Geschehen, wie hier der Seewurf in Form der Umladung gar nicht rechtswidrig, sondern von D. 14, 2, 1; eod. 4 pr. gedeckt ist. Der Umstand allein, dass die Umladung auch aus Zweckmäßigkeitsgründen erfolgte, darf mE keine Rolle spielen. Denn im Vordergrund stand die Rettung des Schiffs. Diese ist gelungen.

Ergebnis: ME können die Eigentümer der auf die *navis oneraria* umgeladenen und dort untergegangenen Waren deshalb *nicht* nach D. 14, 2, 1 Umlegung ihres Schadens fordern.

4.) Ersatzfähiger Schaden

[27] *Problem: Lucius Naufragius* ist *magister navis* der „STELLA MARIS". In der Straße von Messana[54], zwischen Scylla und Charybdis[55], gerät das Schiff in schwere See, dabei muss der Mast gekappt werden, auch das Takelwerk gerät in Mitleidenschaft. Der Schaden beträgt 12.000 *aurei*[56]. Die Ladung kann gerettet werden. Kann *Naufragius* von den Befrachtern anteilige Reparaturkosten verlangen?

---

[54] Https://de.wikipedia.org/wiki/Messina (22.12.2023).

[55] Https://de.wikipedia.org/wiki/Charybdis (22.12.2023).

[56] Zum Verhältnis verschiedener Münzeinheiten *(aureus, denarius, sestertius* [HS]*, as)* zueinander s. KLOFT, aaO (FN 3), S. 81.

Problemstellung: Wäre *Naufragius* Befrachter[57] und hätte bei dem Unglück einen Teil der von ihm eingebrachten Ladung verloren, wäre die Sache einfach: Nach D. 14, 2, 1 müssten alle anteilig ihren Teil zum Schaden des *Naufragius* beitragen. Hier ist aber nicht geladene Ware beschädigt worden, sondern das Schiff, das Transportmittel selbst. Ist es denn hier nicht ebenso, wie wenn ein Schmied seinen Amboss oder Hammer zerschlägt? Dann kann dies doch auch nicht dem angerechnet werden, der das Werk in Auftrag gegeben hat.

[28] *Lösung:* Dies ist strittig. Zunächst D. 14, 2, 2, 1, wo *Julius Paulus* mit der o.a. Begründung schreibt: Wenn die Güterladung erhalten, das Schiff aber beschädigt worden ist oder vom Takelwerk etwas verloren hat, so ist kein Beitrag zu geben, weil es sich mit den Sachen, die des Schiffes wegen angeschafft werden, ganz anders verhält, als mit denen, wofür Fracht bezahlt worden ist. *Naufragius* geht danach also leer aus. - AA *Aemilianus Papinianus* in D. 14, 2, 3: Wenn der Mast oder sonst etwas vom Takelwerk zu Vermeidung gemeinsamer Gefahr gekappt wird, so muss der Schaden von Befrachtern und Passagieren gemeinsam getragen werden. Ebenso *Hermogenian* in D. 14, 2, 5, 1.

Ergebnis: Nach Auffassung von *Papinianus* und *Hermogenianus* kann *Naufragius* diese Personen zum Ausgleich der am Schiff eingetretenen Schäden heranziehen, aA *Paulus*, der einen Anspruch verneint.

[29] Die exakte Denkweise des *Papinian* überzeugt. Denn er erkennt, dass der Werkunternehmer, *in casu* der Reeder bzw. sein *magister navis*, zur Ausführung eines Auftrags taugliches Gerät, hier ein seetüchtiges Schiff, zur Verfügung einsetzen muss und deshalb Schäden an diesem bei Erfüllung des Werkvertrags, mögen sie auf sachgemäßer oder unsach-

---

[57] Gemeint ist der Vertragspartner des Verfrachters iSd 5. Buch HGB, z.B. §§ 488; 528 f.

gemäßer Handhabung beruhen, zu seinen Lasten gehen. Dies ist die Parallele zu dem Schmied aus D. 14, 2, 1. Wer einen Auftrag übernimmt, muss dafür sorgen, dass er nicht nur die erforderlichen Kenntnisse und Fertigkeiten dafür hat[58], sondern auch die erforderlichen Gerätschaften in gebrauchstauglichem Zustand. Fehlt es daran, so geht dies zu Lasten des Unternehmers, indem er Schäden seiner Kunden ersetzen muss und eigene ihnen nicht in Rechnung stellen kann. Doch *Papinian* wurde nicht umsonst die entscheidende Stimme im Zitiergesetz des Kaisers *Valentinian III.* eingeräumt[59]. Denn hellsichtig erkennt er, dass zwischen dem fahrlässig oder zufällig zerstörten Werkzeug und einem Werkzeug bzw. Schiff, das vorsätzlich aufgeopfert wird, um die Interessen des Bestellers bzw. Befrachters zu retten, also den Werkvertrag bzw. Seefrachtvertrag zu erfüllen und damit den Werklohn bzw. die Fracht zu verdienen, ein substanzieller Unterschied besteht. Es handelt sich hier um eine zwar generell vorhersehbare, aber für den Fall ihres Eintritts unvermeidbare Situation. Besieht man sich diese Kriterien: Erfüllung des Vertrags, Verdienen der Fracht, Schonung der Interessen des Befrachters, kein Verschulden des Verfrachters bzw. *magister navis*, Rettung des Schiffs einschließlich Ladung, Mannschaft und Passagiere, so vermag die Argumentation des *Julius Paulus* nicht zu überzeugen. Vielmehr ist hier der Schiffseigner bzw. sein *magister navis* in einer vergleichbaren Situation wie die Befrachter, deren Waren aufgeopfert werden, um das Schiff zu retten. Deshalb ist es angemessen, ihn gleichzubehandeln und ihm einen Anspruch auf Ersatz der erlittenen Schäden gegen diejenigen, deren

---

[58] *Imperitia culpae adnumeratur* (Unerfahrenheit steht Verschulden gleich). S. z.B. D. 1, 18, 6, 7, dort allerdings für den heute als Dienstvertrag eingestuften Arztvertrag.

[59] Https://de.wikipedia.org/wiki/Zitiergesetz (03.12.2023).

Waren gerettet wurden, zuzugestehen und diesen in der in D. 14, 2, 2, 4 beschriebenen Weise unter ihnen aufzuteilen.

[30] Dies entspricht auch *§ 588 Abs. 1 HGB:* Werden das Schiff, der Treibstoff, die Ladung oder mehrere dieser Sachen zur Errettung aus einer gemeinsamen Gefahr auf Anordnung des Kapitäns vorsätzlich beschädigt oder aufgeopfert oder werden zu diesem Zweck auf Anordnung des Kapitäns Aufwendungen gemacht (Große Haverei), so werden die hierdurch entstandenen Schäden und Aufwendungen von den Beteiligten gemeinschaftlich getragen.

[31] *Abwandlung: Gaius Aeppeltschus,* einer der Befrachter, bittet darum, Charybdis weiträumig zu umfahren, wodurch die „STELLA MARIS" in den Strudel der Scylla gerät und die geltend gemachten Schäden verursacht werden, die ansonsten nicht eingetreten wären. Die übrigen Befrachter stimmten zu.

[32] *Problemstellung und Lösung:* Die Konstellation unterscheidet sich vom Ausgangsfall dadurch, dass nunmehr das Unglück, das zum Schaden am Schiff führte, infolge einer Weisung eines der Befrachter geschah und die anderen damit einverstanden waren. Ändert das etwas? Ja, meint nun auch *Julius Paulus* in D. 14, 2, 2, 1 *i.f.:* Wenn aber jener Schaden, wie hier bzgl. der Übrigen, mit Willen der Befrachter oder Passagiere oder, wie hier bzgl. *Aeppeltschus,* aus Furcht vor Gefahr entstanden ist, so muss derselbe ersetzt werden.

Ergebnis: Nach hM ist der Schaden am Schiff von den Befrachtern zu ersetzen.

[33] *Problem:* Ein Schiff war, nachdem es im Sturme Not gelitten hatte, und ihm durch Einschlagen des Blitzes Tauwerk, Mast und Raa verbrannt war, zu Hippo[60] eingelaufen. Dort mit notdürftigem Takelwerk für den Augenblick versehen, steuer-

---

[60] Https://de.wikipedia.org/wiki/Hippo_Regius (25.01.2024).

te es nach Ostia und brachte seine ganze Ladung mit. Nun wurde gefragt, ob die, denen die Ladung gehörte, dem Schiffer seines Schadens wegen beitragen müssten[61]?

Problemstellung: Nach D. 14, 2, 3; eod. 5, 1 muss der Schaden von Befrachtern und Passagieren gemeinsam getragen werden, wenn der Mast oder sonst etwas vom Takelwerk zu Vermeidung gemeinsamer Gefahr gekappt wird. Diese Situation liegt aber nicht vor. Allerdings, der Schaden am Schiff ist außergewöhnlicher Verschleiß und beruht auch auf einer Situation, die typisch für den Seewurf ist. Die

[34] *Lösung* ergibt sich aus D. 14, 2, 6: Dieser Aufwand ist mehr zu Ausrüstung des Schiffes als zu Erhaltung der Güter, gemacht worden und deshalb *nicht* ersatzfähig. Denn auch wenn der Schaden am Schiff außergewöhnlicher Verschleiß ist und auch auf einer Situation, die typisch für den Seewurf ist, beruht, so geschah er dennoch nicht aufgrund einer arbiträren Entscheidung zur Rettung der Waren, sondern infolge eines Naturereignisses, das die Waren unangetastet ließ. Derartige Naturereignisse sind zwar nicht konkret, wohl aber generell vorhersehbar, so dass der Reeder damit rechnen und etwaige Schäden in seine Kalkulation der Fracht einbeziehen muss. Damit scheidet eine Umlegung nach der *lex Rhodia de iactu* aus.

[35] *Problem:* Die „STELLA MARIS" gerät in den Strudel des berühmten kilikischen[62] Seeräubers[63] *Lucius Barbanigra*. Der bringt das Schiff in seine Gewalt und ist nur bereit, es freizugeben, wenn er ein Lösegeld von 12.000 *aurei* erhält. *Cornelius Pflaumenmus* bringt die Summe auf und kauft das Schiff frei. Vorher hatte bereits *Gnaeus Schraubverschlus* sei-

---

[61] D. 14, 2, 6.

[62] Https://de.wikipedia.org/wiki/Kilikische_Seer%C3%A4uber (abgerufen 02.12.2023).

[63] Allgemein https://www.welt.de/geschichte/article154748460/Wie-Piraten-die-Roemische-Republik-ruinierten.html (15.12.2023).

ne Waren, zwei besonders hübsche Sklavinnen aus Alexandria, für 60 *aurei*[64] losgekauft. Hinterher stellt sich heraus, dass die kostbaren Purpurstoffe des *Gaius Aeppeltschus* fehlen. Wie sind die Schäden zu verteilen?

Problemstellung: Ob Waren geopfert werden, um das Schiff und den größten Teil der Ladung zu erhalten, oder Geld, dürfte ebenso egal sein wie der Umstand, dass hier die drohende Gefahr kein Unwetter oder Wellengang, sondern Piraterie war. Wie aber ist es mit den Verlusten von *Aeppeltschus* und *Schraubverschlus*? Sie hatten keine „soziale" Funktion. Die

[36] *Lösung* ergibt sich aus *D. 14, 2, 2, 3:* Wenn ein Schiff **von Seeräubern losgekauft** wird, so müssen alle beitragen, was aber die Seeräuber rauben, verliert der, dem es gehört, auch ist zum Vorteil von jemandem, der seine eigenen Waren losgekauft hat, nichts zu übertragen[65].

Ergebnis: Pflaumenmus kann seine Aufwendungen bei den anderen anteilig regressieren, *Schraubverschlus*, der seine eigenen Waren losgekauft hat, ebenso wenig wie *Aeppeltschus*, dem *Barbanigra* und seine *„corona"* die Purpurstoffe weggenommen haben.

[37] *Problem: Gaius Aeppeltschus* führt seine Sklaven Arethusa (Wert: 1.800 HS) und Pamphilus (Wert: 2.500 HS) auf der „REGINA MARIS" mit, als diese in der Straße von Messana in schwere See gerät. Zur Erleichterung des Schiffs und Rettung der Waren und Personen entschließt er sich, Arethusa über Bord zu werfen. Pamphilus ist kurz unaufmerksam und fällt dabei über Bord und kann nicht gerettet werden. In welcher Höhe kann *Aeppeltschus* Ersatz von den übrigen Befrachtern und Passagieren fordern?

Problemstellung: Die Arethusa wurde über Bord geworfen, um das Schiff zu retten. Für sie kann also, wie für jede andere

---

[64] Zum Preis von Sklaven (und anderen Waren) KLOFT, aaO (FN 3), S. 107, Tabelle 10.

[65] S.a. D. 14, 2, 7.

Sache, Ersatz gefordert werden. Auch Pamphilus kam auf derselben Fahrt im Meer um. Es ist aber nicht gesagt, dass er zur Rettung des Schiffes über Bord geworfen wurde. Ändert das etwas?

[38] *Lösung:* Ja. Denn es kommt eben darauf an, ob der Schaden *final zur Rettung des Schiffes* eingetreten ist, wenn er ersatzfähig sein soll[66]. Deshalb sagt D. 14, 2, 2, 5: Auch die Sklaven, die im Meere umgekommen sind, werden ebenso wenig in Anschlag gebracht, als wenn welche im Schiffe an Krankheit gestorben sind oder sich hinabgestürzt haben.

Ergebnis: Aeppeltschus kann nur den Wert der Arethusa, 1.800 HS, auf die anderen umlegen, nicht aber den Wert des Pamphilus. Diesen Verlust trägt er selbst, weil er nicht in Zusammenhang mit der Rettung des Schiffes steht.

[39] Das Beispiel veranschaulicht die exakte Denkweise der römischen Juristen, die sich nicht von Äußerlichkeiten blenden ließen, sondern scheinbar gleiche Sachverhalte auf ihre Ursache sowie darauf untersuchten, ob diese in Zusammenhang mit dem Regelungskonflikt stehen. Da dies beim Tod des Pamphilus nicht der Fall war, kam ein Ersatz für ihn nicht in Frage.

[40] *Problem:* (a) Die „AURORA" gerät vor Smyrna[67] in schwere See, so dass die Kisten mit den Amphoren des *Gaius Aeppeltschus* iWv 1.200 *aurei* in Übereinstimmung mit den Grundsätzen der *lex Rhodia* aus D. 14, 2, 1 über Bord geworfen werden. Doch bei Attaleia[68] geht dem Segler die Puste aus, und er sinkt. (b) *Gnaeus Schraubverschlus* und *Lucius Nichtsalsverdrus* heuern für 200 HS Taucher an, die einen Teil

---

[66] D. 14, 2, 4 pr. *i.f.;* ähnl. eod. 5 pr.; eod. 7.
[67] Https://de.wikipedia.org/wiki/Izmir#Antike (15.02.2024).
[68] Https://de.wikipedia.org/wiki/Antalya#R%C3%B6misches_ Reich (15.02.2024).

ihrer Waren bergen. Können sie *Aeppeltschus* wegen des Taucherlohns in Anspruch nehmen? *(c)* Ändert sich etwas, wenn *Aeppeltschus* einen Teil seiner Waren iWv 800 *aurei* ebenfalls durch Taucher zurückerhält?

Problemstellung: (a) Hat *Aeppeltschus* gegen *Schraubverschlus* und *Nichtsalsverdrus* einen Anspruch auf Entschädigung iHv insgesamt 1.200 *aurei* wegen des Seewurfs? Immerhin ist das Schiff ja trotzdem untergegangen. Allerdings geschah dieser zur Rettung ihrer Waren, was - seinerzeit - auch gelungen ist. *(b)* Aber was ist jetzt? Das Schiff ist untergegangen, und die Waren von *Gnaeus Schraubverschlus* und *Lucius Nichtsalsverdrus* wurden gerettet, wofür Aufwendungen entstanden. Allerdings gab es - anders als beim Seewurf - keine Aufopferung der Waren eines Befrachters für einen anderen. Vielmehr wurden die Taucher nach dem Untergang des Schiffes von den Eigentümern selbst angeheuert. *(c)* Wenn *Aeppeltschus* nun seine Waren zurückerhält, kann er dann seinerseits Taucherlohn fordern? Gilt hier gleiches Recht für alle? Oder welche Konsequenzen hat dies? Die

[41] *Lösung* ergibt sich aus D. 14, 2, 4, 1: Wenn ein Schiff, das durch Auswerfen der Waren eines Kaufmanns erleichtert worden ist, an einem anderen Orte untergeht, und die Waren einiger Kaufleute durch Taucher gegen Lohn geborgen worden sind, müssen diejenigen, die in der Folge das Ihrige durch die Taucher gerettet haben, den, dessen Waren während der Fahrt zu Erleichterung des Schiffs ausgeworfen worden sind, dennoch anteilig entschädigen.

Zwischenergebnis ad (a): *Schraubverschlus* und *Nichtsalsverdrus* müssen *Aeppeltschus* iHv 1.200 *aurei*[69] entschädigen.

[42] Die Textstelle fährt fort: Dagegen braucht der, welcher auf der Fahrt den Seewurf gemacht hat, jenen, die solchergestalt etwas gerettet haben, nichts zu vergüten, denn die Wa-

---

[69] Zur Aufteilung s.o. Rdnr. 55.

ren jener können nicht als zur Rettung des Schiffs geworfen gelten, da dieses untergegangen ist. Daran würde auch der Umstand nichts ändern, dass auch etwas von seinen Waren durch Taucher geborgen worden ist.

Zwischenergebnis ad (b): Aeppeltschus muss also *Schraubverschlus* und *Nichtsalsverdrus nicht* entschädigen, weder bzgl. des Wertes der Waren noch hins. des Taucherlohns.

[43] Deshalb sticht das Argument gleiches Recht für alle nicht, da die Sachverhalte nicht vergleichbar sind. Allerdings gilt nach D. 14, 2, 2, 7, dass die Beteiligung von *Schraubverschlus* und *Nichtsalsverdrus* an den Verlusten des *Aeppeltschus* durch den Seewurf vor Smyrna rückgängig gemacht werden muss iHd Wertes der Gegenstände des *Aeppeltschus*, die die Taucher geborgen haben. Sollten sie schon bezahlt haben, so können sie aus dem Transportvertrag gegen *Naufragius* klagen, der den Regress gegen *Aeppeltschus* hat.

Zwischenergebnis ad (c): Es besteht ein Anspruch von *Schraubverschlus* und *Nichtsalsverdrus* iHv 800 *aurei*.

[44] *Ergebnis: Schraubverschlus* und *Nichtsalsverdrus* müssen *Aeppeltschus* iHv 1.200 *aurei*[70] entschädigen, weil seine Waren durch Seewurf zur Rettung der Waren der anderen geopfert wurden. Dass ihre Waren nach Rettung vor Smyrna in einem erneuten Unwetter verloren gingen, ändert nichts. *Aeppeltschus* muss *Schraubverschlus* und *Nichtsalsverdrus nicht* entschädigen, weder bzgl. des Wertes der Waren noch hins. des Taucherlohns, da ihre Waren *nicht zur Rettung* des Schiffes über Bord geworfen wurden, *sondern* bei dessen *Untergang* verloren gingen. Das Seewurfrecht der *lex Rhodia de iactu* setzt aber Erhaltung des Schiffes voraus[71]. *Schraubverschlus* und *Nichtsalsverdrus* haben gegen *Aeppeltschus* einen Anspruch iHv insgesamt 800 *aurei*, da Waren des *Aeppeltschus* in diesem Wert nach dem Seewurf aufgefunden

---

[70] Zur Aufteilung s.o. Rdnr. 55.
[71] D. 14, 2, 5; *arg e* eod. 4, 1; WAGNER, aaO (FN 28), S. 371.

wurden und somit seinen Anspruch aus der *lex Rhodia de iactu* mindern.

[45] *Problem: a) Gaius Aeppeltschus* befördert 2.000 Tuniken iWv 20.000 *aurei*, die er in dem *municipium*[72] Arae Flaviae[73] beschafft hat, auf der „*Calypso*" über Massilia nach Pompeii, wo er sie für 500.000 *aurei* verkaufen will. Auf demselben Schiff befindet sich *Bavaricus Giftimschampus*, der 10 Fass *vinum spumans Campaniae* iWv 40.000 *aurei* geladen hat, die er für 2 Mio. *aurei* an Kaiser *Nero* in Baiae liefern will. Die Waren der anderen Befrachter hatten in Massilia einen Wert von 1 Mio. *aurei*. Vor Capreae[74] gerät das Schiff in schwere See, so dass die Waren der anderen Befrachter in Übereinstimmung mit den Grundsätzen aus D. 14, 2, 1 über Bord geworfen werden. Die Fässer des *Giftimschampus* bleiben unversehrt, die Tuniken des *Aeppeltschus* werden teilweise durch das Salzwasser durchnässt und sind insoweit unverkäuflich. Der Schaden beläuft sich für ihn auf 8.000 *aurei*.

a) Muss er zur Seewurfentschädigung der Übrigen iHv 1 Mio. *aurei* beitragen, obwohl er selbst geschädigt ist?

b) Kann er seinerseits, analog D. 14, 2, 1, Entschädigung verlangen?

c) Macht es einen Unterschied, ob die Tuniken durch die Wegnahme der ausgeworfenen Sachen bloßgelegt und so dem Salzwasser ausgesetzt worden sind, oder ob sie an einem Ort im Schiff verstaut waren, wo Wasser eindrang?

[46] *Problemstellung:*

Ad a) In welchem Umfang ist *Aeppeltschus* zum Ausgleich heranzuziehen? Wenn nämlich aus einem Schiffe ein Seewurf geschehen ist, und jemandes Waren, die im Schiffe geblieben, beschädigt worden sind, so ist zu untersuchen, ob er zu ei-

---

[72] Https://de.wikipedia.org/wiki/Municipium.

[73] Https://de.wikipedia.org/wiki/Arae_Flaviae (08.12.2023).

[74] Capri (https://la.wikipedia.org/wiki/Capreae, 08.12.2023).

nem Beitrag anzuhalten sei, da ihm nicht doppelter Schaden aufgebürdet werden kann, der des Beitrags und der der Verschlechterung seiner Waren[75]. Hierbei sind folgende Umstände von Bedeutung: Seine Waren sind im Schiff erhalten geblieben, also nicht geworfen worden, aber infolge des Unwetters, das Grund für den Seewurf war, zerstört worden, jedoch nur teilweise. Ferner: Zwischen dem Wert der Ladung in Massilia und dem Verkaufspreis im Zielhafen besteht eine große Diskrepanz.

Ad b) Hierbei geht es nicht um den Beitrag zum Ausgleich der Schäden derer, deren Waren geworfen wurden, sondern um die Frage, ob *Aeppeltschus* seinerseits einen Anspruch auf Entschädigung hat. Es stellt sich die Frage: Macht es einen Unterschied, ob Waren geworfen oder zwar nicht geworfen, aber infolge des Wurfs - nicht allein des Unwetters(!) - verschlechtert werden? Stünde der Eigentümer besser, wenn die Sachen nicht verschlechtert, sondern geworfen worden wären?

Ad c) Gibt es einen Unterschied zwischen den beiden Modalitäten der Beschädigung - Bloßlegung durch Seewurf bzw. Beschädigung durch hiervon unabhängig eingetretenes Wasser - in Bezug auf die Anwendung der Grundsätze in D. 14, 2, 1? Immerhin ist das Eindringen des Wassers infolge des Unwetters geschehen, das zum Seewurf geführt hat. Die

[47] *Lösung ad c)* ergibt sich aus D. 14, 2, 4, 2, wonach zu unterscheiden ist, durch welche Ursache die Waren beschädigt worden sind. Ist der Schaden entstanden, weil durch den Seewurf die oben liegende Waren geworfen wurden und hierdurch die darunter befindlichen Waren des Geschädigten dem Wasser ausgesetzt wurden oder aus einer anderen Ursache, etwa weil sie an einer ungünstigen Stelle im Schiff gestaut waren, wo Wasser eingedrungen ist. Denn letzterenfalls

---

[75] D. 14, 2, 4, 2.

wird er beitragen müssen, also zur Entschädigung nach D. 14, 2, 1 herangezogen werden. Dies ist logisch, weil die Waren in diesem Fall zwar iZm dem *Unwetter, nicht aber dem Seewurf* zerstört wurden. Sie wären auch ohne diesen kaputt gegangen. Deshalb sind die dafür gegebenen Vorschriften *nicht* anzuwenden.

[48] *Ergebnis zu c):* Es kommt also darauf an, ob die Schäden an den Tuniken entstanden sind, *aa)* weil diese durch den Seewurf bloßgelegt worden sind oder *bb)* weil sie an einer ungünstigen Stelle im Schiff gestaut waren, wo Wasser eingedrungen ist. IF *aa),* also bei Zusammenhang mit dem Seewurf, muss *Aeppeltschus* sich *nicht* an der Entschädigung der durch den Seewurf Geschädigten beteiligen; *anders* iF *bb),* hier muss er seinen Beitrag leisten. Der Sachverhalt sagt hierzu nichts, so dass insoweit weiter aufzuklären ist.

[49] *Ad b)* In D. 14, 2, 4, 2 *i.f.* fragt der Jurist *Papirius Fronto:* Wenn ich das Meinige durch den Wurf verloren, oder, weil es dadurch bloßgelegt worden ist, an dessen Wert eingebüßt habe - was ist dazwischen für ein Unterschied? Und er antwortet: Sowie dem, der um das Seinige ganz gekommen ist, geholfen wird, so muss auch dem geholfen werden, dessen Waren aus Anlass des Wurfs schlechter geworden sind.

Ergebnis zu b) Aeppeltschus kann also gem. D. 14, 2, 4, 2 *i.f.* analog D. 14, 2, 1, Entschädigung iHv 8.000 *aurei* verlangen. Zu den Schäden der anderen muss er nicht beitragen (s. soeben b).

[50] *Ad a)* IF eines *non liquet*[76] bzgl. der Ursache des Schadens an den Tuniken ist der Eingangssatz von D. 14, 2, 4, 2 anwendbar: Wenn aber aus einem Schiffe ein Seewurf ge-

---

[76] Dies wird dort zwar nicht explizit erwähnt, ergibt sich aber bei systematischer Auslegung iZm dem Folgesatz. Denn dort wird der Fall, der den Konstellationen b) und c) zugrundeliegt erörtert, während im Eingangssatz von D. 14, 2, 4, 2 diese Differenzierung nicht vorgenommen wird.

schen ist, und jemandes Waren, die im Schiffe geblieben, beschädigt worden sind, so ist zu untersuchen, ob er zu einem Beitrag anzuhalten sei, da ihm nicht doppelter Schaden aufgebürdet werden kann, der des Beitrags und der der Verschlechterung seiner Waren. Zweckmäßigerweise muss er nach dem *gegenwärtigen* Wert der Waren beitragen, also z.B. wenn die Waren eines jeden von Zweien im Ausgangshafen 20.000 HS wert gewesen sind und die des einen durch Bespülung der Wogen auf den Wert von 10.000 HS gesunken sind, so hat jener, dessen Waren unversehrt geblieben, nach Verhältnis von 20.000 HS beizutragen, dieser von 10.000 HS.

Ergebnis zu a): Da die Waren des *Aeppeltschus* nach dem gegenwärtigen Wert, also dem Wert im Ausgangshafen, zu veranschlagen sind, kommen hier zunächst 20.000 HS in Ansatz, wovon 8.000 HS[77] abzuziehen sind, so dass er im Verhältnis von (20.000 - 8.000 =) 12.000 HS zu 2 Mio. HS zum Ausgleich der Schäden der anderen heranzuziehen ist.

5.) Schadensberechnung, Mankohaftung

[51] *Problem: Gaius Aeppeltschus* hat in Condatomagus[78] Terra-Sigillata-Ware[79] für 10.000 *denarii* eingekauft, die er in Alexandria für 800 *aurei* verkaufen will. *Gnaeus Schraubverschlus* hat 20 Fass Rotwein in Ruscino[80] für 50.000 HS erstanden, die er in Carthago für 75.000 HS verkaufen will. *Bavaricus Giftimschampus* hat 100 *amphorae* mit *vinum spumans*

---

[77] Dabei wird davon ausgegangen, dass dies der Wert des Verlustes im Ausgangshafen ist. Anders würde es keinen Sinn machen.

[78] Https://de.wikipedia.org/wiki/La_Graufesenque.

[79] Https://stadtarchaeologie.at/start/erleben/ausstellungen/tisch gespraech/tischgespraech/ (abgerufen 02. 12.2023).

[80] Https://fr.wikipedia.org/wiki/Ruscino; https://de.wikipedia.org /wiki/Elne (abgerufen 02. 12.2023).

Campaniae[81] geladen, die er an den Ufern der Matrona[82] für 20 HS/*amphora* geschüttelt, gerüttelt und gekeltert hat und im dem ausschweifenden Luxusleben frönenden Alexandria für 100 *aurei/amphora* verkaufen will. Auch *Claudia Messalina Schweisfus* ist mit ihrer Sklavin Arethusa an Bord. Ihr Schmuck wird auf 20 *aurei*, die Arethusa, eine Alexandrinerin von erlesener Schönheit, auf 35 *aurei* geschätzt. Schließlich hat *Lucius Musencus* 1.000 Tuniken[83] zum äußerst günstigen Preise von 2.000 HS in Illiberis[84] beschafft, die er in Syracusa für 20.000 HS veräußern will. Alle besteigen mit ihren Waren die „NAUSICAA" in Narbo Martius[85]. Bei Pisa gerät das Schiff in schwere See, so dass die Fässer über Bord geworfen werden, um das Schiff zu retten, was auch gelingt.

Problemstellung: Dass der Schaden unter den anderen Befrachtern verteilt werden muss, ist offensichtlich. Aber wie wird abgerechnet? Nach Einkaufs- oder Verkaufspreisen? Letzterenfalls würde *Schraubverschlus* das Verkaufsrisiko durch den Seewurf abgenommen. Kann das sein? Andererseits verzichtet er ja nicht nur auf sein Eigentum, sondern auch auf den Gewinn, aus dem er u.a. die Schiffspassage finanziert. Außerdem, wie ist der Schmuck der Dame *Schweisfus* in Anschlag zu bringen und wie deren Sklavin? Die

[52] *Lösung* ergibt sich zunächst aus *D. 14, 2, 2, 4:* Der Beitrag wird nach dem **Wert der geretteten und der ausgeworfenen Sachen zusammen** geleistet, und es tut zur Sache

---

[81] Https://la.wikipedia.org/wiki/Campania_(Francia) [abgerufen 02. 12.2023]. *Vinum spumans Campaniae* ist ein von mir erfundener Begriff für Champagner.

[82] Https://de.wikipedia.org/wiki/Marne_(Fluss)

[83] Https://de.wikipedia.org/wiki/Tunika#Die_Tunika_in_der_Antike (08.12.2023).

[84] Https://de.wikipedia.org/wiki/Elne (abgerufen 02. 12.2023).

[85] Https://de.wikipedia.org/wiki/Narbo_Martius (abgerufen 02. 12.2023).

nichts, wenn die ausgeworfenen teurer zu verkaufen sein würden, weil **nur der Schaden, nicht** der eingebüßte Gewinn ersetzt wird. Diejenigen Sachen aber, wegen derer *beizutragen* ist, müssen nicht wie sie eingekauft, sondern wie sie zu *ver*kaufen sind, geschätzt werden. Ferner ist nach *D. 14, 2, 2, 2 i.f.* alles in Ansatz zu bringen, auch die Kleider und die Fingerringe eines jeden. Dies muss dann mE auch für eine Sklavin gelten, die ihre Herrin lediglich begleitet, ohne im Zielhafen verkauft zu werden.

[53] Dem Gesichtspunkt, dass dadurch möglicherweise, vielleicht sogar hoch wahrscheinlich die Leben der Mannschaft und Passagiere gerettet werden, misst das römische Recht keine Bedeutung bei. Denn freie Menschen können nicht geschätzt werden[86].

[54] Nach *D. 14, 2, 2, 2,* S. 4 ist auch der Eigentümer des Schiffs verpflichtet, sich an der Schadensumlage zu beteiligen. Allerdings finden sich in den Digesten keinerlei Angaben dazu, in welcher Höhe. Alle Textstellen befassen sich lediglich mit der Verteilung des Schadens unter den Befrachtern.

[55] Somit gilt folgende Rechnung:

Aeppeltschus	800 *aurei* =	80.000 HS		
Giftimschampus	100 * 100 = 10.000 *aurei*			
	= 1.000.000 HS			
Schweisfus	20 *aurei*		2.000 HS	
	35 *aurei*		<u>3.500</u> HS	
		5.500 HS		
Musencus		<u>20.000</u> HS		
		<u>1.105.500</u> <u>HS</u>		

---

[86] D. 14, 2, 2, 2, S. 6

Der Schaden iHv 50.000 HS wird im Verhältnis
80 : 1.000 : 5,5 : 20 geteilt,
also 50.000 : 1.105.500

* 80.000 =	3.618 HS	*(Aeppeltschus)*
* 1.000.000 =	45.228 HS	*(Giftimschampus)*
* 5.500 =	249 HS	*(Schweisfus)*
* 20.000 =	905 HS	*(Musencus)*
	50.000 HS	

[56] Nach § 252 S. 1 BGB umfasst der zu ersetzende Schaden auch den *entgangenen Gewinn*. Dies findet einen spezial-
gesetzlichen Niederschlag für die große Haverei in § 590 Abs.
1 HGB: Die Vergütung für die Aufopferung des Schiffes, dessen Zubehörs, des Treibstoffs und der zur Ladung gehören-
den Frachtstücke bemisst sich nach dem Verkehrswert, den
die Sachen am Ort und zur Zeit der *Beendigung* der Reise
gehabt hätten. Die heute geltende Rechtslage geht also auf
der Basis des Gedankens der *Naturalrestitution (§ 249 Abs. 1
BGB)* über das römische Recht hinaus.
[57] Auch das *Verteilungsverfahren* nach § 592 Abs. 1 S. 1
HGB entspricht nicht dem römischen: Die Höhe der Vergütung, die ein Beteiligter wegen der Aufopferung oder Beschädigung beanspruchen kann, sowie die Höhe des Beitrags, den ein Beteiligter zu zahlen hat, bestimmen sich nach
dem Verhältnis der gesamten, allen Beteiligten zustehenden
Vergütung zu der Summe der von allen Beteiligten zu leis-
tenden Beiträge. Dies bedeutet: Die Höhe der von einem
einzelnen Beteiligten zu beanspruchenden Vergütung und
des von einem einzelnen Beteiligten zu zahlenden Beitrags
bemisst sich nach *Absatz 1* wie folgt: Nach *Satz 1* ist zunächst
die Vergütungsmasse, also die gesamte, von allen Beteiligten
zu beanspruchende Vergütung, ins Verhältnis zur Beitrags-

masse, also der Summe der von allen Beteiligten zu leisten-
den Beiträge, zu setzen. Nach *Satz 2* erhält der Beteiligte
eine Vergütung, wenn der von ihm erlittene, ebenfalls in einem Prozentsatz ausgedrückte Wertverlust über dem nach
Satz 1 ermittelten Prozentsatz liegt. Die Höhe der Vergütung
bestimmt sich nach der Differenz der Prozentsätze. Hat also
beispielsweise der Beteiligte einen Wertverlust von 60 Prozent erlitten, kann er, wenn sich der nach Satz 1 berechnete
Prozentsatz auf 40 Prozent beläuft, 20 Prozent des Wertes
des ihm zuzurechnenden Gegenstandes als Vergütung verlangen. Umgekehrt muss der Beteiligte nach Satz 3 einen
Beitrag leisten, wenn der anteilige Wertverlust unter dem
nach Satz 1 ermittelten Prozentsatz liegt. Beläuft sich also
der nach Satz 1 berechnete Prozentsatz, wie in dem obigen
Beispiel, auf 40 Prozent, muss der Beteiligte, dessen Gegenstand durch die Havereimaßnahmen gerettet wurde, einen
Beitrag in Höhe von 30 Prozent leisten, wenn der Wert des
ihm zuzurechnenden Gegenstandes auf Grund der Großen
Haverei nur um 10 Prozent gemindert wurde[87].

[58] S.a. *§ 591 Abs. 1 S. 2 HGB*, wonach die Beiträge zur
Großen Haverei sich nach dem Verkehrswert bemessen, den
die Gegenstände, die sich in gemeinsamer Gefahr befanden,
am *Ende* der Reise hatten zuzüglich einer etwaigen Vergütung für eine Beschädigung oder Aufopferung der betreffen-
den Sache in Großer Haverei. Insoweit besteht eine Parallele
zu D. 14, 2, 2, 4.

---

[87] BT-Drs. 17/10309, S. 10309.

[59] Sonach hätte *Schraubverschlus* folgenden Ersatzanspruch:

Wert der Güter der übrigen Befrachter	1.105.500 HS
Wert des Weines des *Schraubverschlus*	75.000 HS
Anteil d. Schraubverschlus in %	75.000 * 100 / 1.180.500 = 6,35%
ersatzfähig	100 % - 6,35 % = 93,65%
Ersatzforderung	93,65 * 75.000 / 100 = **70.238 HS**

[60] *Problem:* In dem Bsp. o. Rdnr. 51 ist *Aeppeltschus* nicht zahlungsfähig.

Problemstellung: Wie o. Rdnr. 17 dargestellt, haben die Eigentümer der aufgeopferten Waren gegen den *magister navis* einen Ersatzanspruch aus dem Transportvertrag[88]. D.h., *Schraubverschlus* kann von *Naufragius* 5.000 HS verlangen. Bedeutet das Mankohaftung? Die

[61] *Lösung* ergibt sich aus D. 14, 2, 2, 6: Wenn jemand unter den Reisenden nicht zahlungsfähig ist, so hat der *magister navis* diesen Schaden *nicht* zu tragen. Denn ein *magister navis* braucht nicht das Vermögen eines jeden zu untersuchen. Daraus ergibt sich zunächst, dass *ihn keine Mankohaftung* trifft. Ferner meine ich, dass die ausgefallene Schadenszahlung auf die *übrigen* umzulegen ist, diese also die **Mankohaftung** trifft. Dies ist jedenfalls billiger, als dass derjenige, der seine Waren aufopfern musste, das Manko ausgleichen muss.

---

[88] D. 14, 2, 2 pr., 1. Satz.

[62] Die Beiträge der Übrigen betragen vor Umlage des Ausfalls:

45.228 HS	*(Giftimschampus)*
249 HS	*(Schweisfus)*
<u>905</u> HS	*(Musencus)*
<u>46.382</u> HS	

[63] Der Ausfall des *Aeppeltschus* iHv 3.618 HS ist also im Verhältnis 45.228 : 249 : 905 zu verteilen:

3.618 : 46382 * 45228 = 3528 HS	*(Giftimschampus)*
3.618 : 46382 * 249 = 19 HS	*(Schweisfus)*
3.618 : 46382 * 905 = 71 HS	*(Musencus)*

[64] Somit entstehen folgende Beiträge:

48.757 HS	*(Giftimschampus)*
268 HS	*(Schweisfus)*
975 HS	*(Musencus)*

[65] *Abw. 1:* Als die „NAUSICAA" in Portus Ostiensis Augusti[89] einläuft, um weitere Waren aufzunehmen, werden die 20 Fass Rotwein des *Schraubverschlus* gefunden, die die Wellen in das Hafenbecken gespült haben.

Problemstellung: Bekommt jetzt *Schraubverschlus* zusätzlich zu seinem Ersatz auch die Fässer? An diesen hat er Eigentum, kann sie also jederzeit von einem etwaigen Besitzer mit der *rei vindicatio* herausverlangen. Aber was ist dann mit der Entschädigung? Macht es einen Unterschied, ob er sie schon erhalten oder noch zu beanspruchen hat? Die

---

[89] Https://de.wikipedia.org/wiki/Portus_Romae (04.12.2023).

[66] *Lösung* ergibt sich aus D. 14, 2, 2, 7: Wenn ausgeworfene Dinge wieder zum Vorschein kommen, so fällt die Verteilung des Schadens nach D. 14, 2, 1 weg. Sind die Beiträge schon gezahlt, so können diejenigen, die bezahlt haben, gegen den *magister navis* auf Rückzahlung klagen, damit er seinerseits Klage erhebe und was er eintreiben werde, zurückgebe. *Schraubverschlus* muss also die 5.000 HS zurückzahlen.

[67] *Abw. 2:* Nur 10 Fässer werden in Portus Ostiensis Augusti gefunden, die anderen hat *Linus Litus* an sich genommen. Gegenüber der *rei vindicatio* des *Schraubverschlus* beruft er sich auf ein *ius litoris*, das **Strandrecht**, das ihm die Aneignung der am Strand gefundenen Gegenstände erlaube. Ob es ein solches Recht gegeben hat und wie weit es ging, ist umstritten. Nach D. 14, 2, 2, 8 ist es jedenfalls *nicht* anerkannt: Danach bleibt eine ausgeworfene Sache im Eigentum ihres Herrn und gehört nicht dem Finder, da sie nicht für verlassen erachtet wird. Noch deutlicher D. 14, 2, 8: Wer zur Erleichterung eines Schiffs Sachen auswirft, hat nicht die Absicht, sie aufzugeben, weil er sie vielmehr, wenn er sie wieder fände, mitnehmen, und wenn er vermutete, wohin sie versunken wären, aufsuchen würde, so dass es dasselbe ist, als wenn jemand, von einer Last gedrückt, etwas auf den Weg wirft, um mit anderen zurückzukehren und es mitzunehmen[90].

[68] *Ergebnis: Schraubverschlus* wird also mit der *rei vindicatio* erfolgreich sein und an *Naufragius* die erhaltenen Entschädigungsleistungen zurückzahlen müssen, der sie dann seinerseits an die übrigen Befrachter auskehrt.

---

[90] S.a. D. 47, 9, insbes. 3 pr.; eod. 7 u. 12; C 11, (6) 5, 1; WAGNER, aaO (FN 28), S. 378 f.

[69] So sahen es auch §§ 13; 16 der Strandungsordnung vom 17. Mai 1874[91]. Dies ist auch heute geltende Rechtslage. WAGNER, schreibt: Seit dem 13. Jh. besaßen die Landesherren des Heiligen Römischen Reichs deutscher Nation mit dem Strandregal das Recht, Schiffbrüchige mit Schiff, Leib und Gut an sich zu nehmen[92]. Die Behauptung hingegen, das preußische ALR habe das Strandrecht aus dem Eigentum des Staats an den Meeresufern abgeleitet[93], lässt sich so mE nicht halten. Denn das Strandrecht des ALR hatte gewissermaßen eine treuhänderische Funktion zu Gunsten der Geschädigten. Immerhin aber kannte und behandelte das ALR das Strandrecht. In II, 15 § 80 steht es dem Staat zu: „Die Hafen und Meeresufer, und was auf diese von der See angespült oder ausgeworfen wird, sind nach gemeinen Rechten ein Eigenthum des Staats." Dies hat aber mehr Ordnungs- und Sicherungsfunktion, wie sich aus § 81 ergibt: „Jedoch begiebt sich derselbe des sogenannten Strandrechts, zum Besten der zur See Verunglückten." In diese Richtung auch § 82: „Jedes Orts Obrigkeit, und die zur Beobachtung des Strandes angesetzte Beamten, sind schuldig, dafür zu sorgen, daß gestrandete Sachen gerettet, erhalten, und den Eigenthümern zurückgegeben werden." Dem *privaten* Strandrecht *versagt* § 83 ausdrücklich die Anerkennung: „Auch keine Privatperson darf solcher gestrandeten von ihr gefundenen Sachen sich anmaßen."

[70] Ferner zitiert WAGNER D. 47, 9, 10: „Der Provinzpräsident wird mit gewissenhaftester Sorgfalt darauf achten, daß die Fischer nicht bei Nacht durch Aufstecken von Lichtern, als wollten sie den Hafen anzeigen, die Schiffer betrügen und

---

[91] Https://de.wikisource.org/wiki/Strandungsordnung#II._ Abschnitt._Von_dem_Verfahren_bei_Bergung_ und_H%C3%BClfs leistung_in_Seenoth (04.12.2023).

[92] AaO (FN 28), S. 379, FN 20.

[93] AaO (FN 28), S. 379, FN 20.

dadurch Schiffe und Mannschaft in Gefahr stürzen, um eine fluchwürdige Beute zu machen"[94] und fügt an, solche Praktiken(!) habe man auch an deutschen Küsten vom Mittelalter bis weit in die Neuzeit hinein gekannt[95].

[71] Zusammenfassend kann man sagen, dass es weder in Deutschland noch im antiken Rom ein Strandrecht gab, eher einen Strandraub[96].

---

[94] AaO (FN 28), S. 359. Er bezieht sich dabei auf den Arzt *Scribonius Largus*, wonach die Bewohner der Kykladen das „Strandrecht" ausübten und dabei die Schiffbrüchigen sogar als Sklaven verkauften, was mit der ursprünglichen Rechtlosigkeit der Fremden zusammengehängt habe. S.a. HÖCKMANN aaO (FN 11), S. 171.

[95] AaO (FN 33), S. 359, 379.

[96] Ausführlich zu dieser Problematik WAGNER aaO (FN 28), S. 377 f. S.a. https://www.tagesschau.de/ausland/europa/frachtschiff-daenemark-100.html, Zitat: „Medienberichten zufolge wurden einzelne Container und auch Ladung bereits angeschwemmt. ... Die Polizei ... warnte ..., es könne Diebstahl sein, wenn man die Gegenstände einfach mitnehme" (25.12.2023).

§ 3 Die actio exercitoria

1.) Zusammenfassung

[72] Sedes materiae ist **D. 14, 1**.

Inhalt: Mit der *actio exercitoria* kann ein Dritter, der mit dem *magister navis* kontrahiert, den Reeder, den *exercitor*, in die Haftung nehmen.

[73] Reeder ist der, dem alle **Nutzungen und Einkünfte** aus dem Betrieb des Schiffs gehören, egal ob er dessen Eigentümer oder Pächter ist.

[74] Betrag: Diese Haftung geht auf das **Ganze**, nicht nur auf den Wert eines etwas vorhandenen *peculium*. Dieses ist *keine* Voraussetzung der *actio exercitoria*. Insbes. muss der *magister navis* nicht das Schiff als *peculium* erhalten haben.

[75] Haftungsverhältnisse: Diese Haftung besteht, wie die *actio de peculio, neben* der Schuld des *magister navis*. Es handelt sich also um eine **adjektizische Klage**.

[76] Handeln namens des *exercitor* ist *nicht* erforderlich. Jedoch muss sich für den Dritten zumindest aus den Umständen ergeben, dass der *magister navis für einen* von ihm personenverschiedenen *Reeder* handelt.

[77] Personen: *Magistri navis* können sowohl **Sklaven** als auch **Freie** sein.

Verpflichtungen aus einem Vertrag mit jemandem, der *nicht magister navis*, sondern bspw. einfacher **Matrose** ist, führen **nicht** zur *actio exercitoria*. Der Dritte ist dann auf Ansprüche gegen den Matrosen angewiesen.

Sind **mehrere *magistri navis*** angestellt, so werden Verpflichtungen des *exercitor* iRd *actio exercitoria*

- durch *jeden* von ihnen begründet, wenn sie *keiner Einschränkung* unterliegen.
- Bei *sachlichen Einschränkungen* (Ressortprinzip) aber *nur iR ihrer Zuständigkeit* und

- bei *Gesamtvertretungsmacht nur* bei *gemeinsamem Handeln* (Vier-Augen-Prinzip).

[78] Unter-*magister*: Auch für einen Unter-*magister*, den der von *exercitor* eingesetzte *magister navis* seinerseits, sogar gegen den Willen des *exercitor*, eingesetzt hat, haftet der Reeder.

Wirksamkeit des Vertrags, der mit dem *magister navis* geschlossen wurde, ist Voraussetzung der Haftung.

[79] Anspruchsgegner iRd *actio exercitoria:* ist natürlich in erster Linie der *exercitor*, der Reeder, doch kann auch außerhalb der *actio exercitoria* der *magister navis* in Anspruch genommen werden. Allerdings besteht ein - exklusives - **Wahlrecht** zwischen der Inanspruchnahme des *exercitor* und des *magister navis*. Sie stehen *nicht* in **Gesamtschuldnerschaft**.

Ausnahme: Anders ist es iF einer *societas*, einer Gesellschaft, bei der mehrere Personen ein **Schiff** als Reeder betreiben. Hier besteht Streit: Nach einer Auffassung kann gegen **jeden** Reeder **aufs Ganze** *(in solidum)* geklagt werden, u.zw. unabhängig von dessen Anteil an der *societas*. Der Inanspruchgenommene kann dann ggf. Regress gegen die übrigen Gesellschafter iHv deren Anteilen nehmen. Dies entspricht iW einer Gesamtschuld. Nach aA muss der Sklave *mit Willen* der in Anspruch genommenen Reeder als *magister navis* eingesetzt sein.

Gegenausnahme: Wenn *mehrere* **Reeder** das Schiff *selbst,* i.e. gemeinsam, **führen.** Folge: Haftung *pro rata*. Und eine *Rückausnahme:* Bestellen sie *einen von ihnen* zum *magister navis*, haftet jeder *aufs Ganze*.

[80] Reeder in der Gewalt eines anderen: Haftung des Gewalthabers, wenn er **mit dessen Willen** die Reederei betreibt, *in solidum*, sonst nur *actio de peculio*. Besteht eine *societas* an einem Sklaven, der als *exercitor* tätig ist, so haften **alle Eigentümer** auf das **Ganze**, wenn er *mit ihrem Willen* Reeder ist, sonst nur der/die, der/die eingewilligt hat/haben.

[81] Sachliche Reichweite in Abhängigkeit von der - vollmachtsähnlichen - *praepositio* (wohl Hm). Nach aA soll aber lediglich der offenkundige Bezug zum Schiff ausreichen.

[82] Darlehen, die in der *praepositio nicht* vorgesehen sind, können aufgenommen und der Reeder daraus iWd *actio exercitoria* in Anspruch genommen werden, wenn es **zu** einem **in der *praepositio* erwähnten** oder durch Auslegung ermittelten **Zweck** geschieht. Dies gilt auch für **Umschuldungsdarlehen**, soweit das Ursprungsdarlehen die o.a. Voraussetzungen erfüllt.

[83] Zweckwidrige Verwendung des Darlehens: Dieses **Risiko** trägt grundsätzlich der *exercitor*. Jedoch soll der **Darlehensgeber** nach einer Auffassung verpflichtet sein, die **Plausibilität** des Geldbedarfs, etwa die Reparaturbedürftigkeit des Schiffes, wenn das Darlehen zwecks Reparatur aufgenommen worden ist, zu **prüfen**. Tut er dies nicht, soll er nach dieser Auffassung nicht die *actio exercitoria* gegen den Reeder haben.

Jedenfalls wenn *kein* **Verwendungszweck** bei Darlehensaufnahme **vereinbart** worden ist und das Darlehen nicht auf das Schiff verwendet worden ist, trägt dieses **Risiko der Darlehensgeber**.

[84] Eine **Gegenklage des Reeders** gegen den Kontrahenten findet **nicht** statt. Ausnahmen soll es iRv Getreidetransporten gegeben haben.

[85] Würdigung: Alles in allem kann man sagen, dass das römische Seehandelsrecht, wie insbes. die *actio exercitoria* zeigt, von einem **hohen Maß an Verkehrsschutz** geprägt ist, der wiederum rechtspolitisch auf die **außerordentliche Bedeutung des Seehandels** zurückzuführen ist.

2.) Ausgangslage und Problemstellung

a) Mittelbare Stellvertretung

[86] Um die *actio exercitoria* besser verstehen zu können, muss man zunächst die Ausgangslage verstehen, wie sie *ohne* die *actio exercitoria* bestünde. Hierzu soll zunächst das *Problem* eines typischen Kaufs auf dem Markt beleuchtet werden: *Gaius Aeppeltschus* beauftragt *Gnaeus Schraubverschlus*, bei *Borus Pistorius* zehn *panes quadrati*[97] für seine *taberna „Potor Hilarius"* auf dem Forum Romanum zu besorgen. *Pistorius* kreditiert zunächst den Kaufpreis iHv 15 HS.

a) Von wem kann er Zahlung verlangen?

b) Wer wird Eigentümer der Brote?

[87] *Problemstellung:* Zwischen *Aeppeltschus* und *Schraubverschlus* ist ein *mandatum*, ein Auftrag, zustande gekommen. Nach § 164 Abs. 1 S. 1 BGB wäre *Aeppeltschus* der Verpflichtete und müsste Zahlung leisten. Auch würde er Eigentümer. Denn danach wirkt eine Willenserklärung, die jemand innerhalb der ihm zustehenden Vertretungsmacht im Namen des Vertretenen abgibt, unmittelbar für und gegen den Vertretenen. Da *Schraubverschlus* hier namens des *Aeppeltschus* handelte, indem er angab für dessen *taberna* die Brote zu erstehen, würde dieser berechtigt und verpflichtet. Allerdings, das römische Recht kannte die unmittelbare Stellvertretung, die die Wirkungen eines Rechtsgeschäfts unmittelbar auf den Vollmachtgeber überleitet und die uns heute selbstverständlich erscheint, zunächst nicht.

[87] Begründung: Das Schuldverhältnis, die *obligatio*, deren Name sich von *ligare* (= binden) herleitet, entsteht durch die daran beteiligten Personen selbst. Beim Delikt ist dies offensichtlich, denn bei deliktischen Handlungen ist Stellvertretung

---

[97] Https://incipesapereaude.wordpress.com/2015/06/20/romische-kuche-brot/ (28.12.2023).

begriffsnotwendig ausgeschlossen. Aber auch bei vertraglichen Verbindlichkeiten müssen die **Vertragsschließenden** selbst **anwesend** sein und können sich in der Mehrzahl der Fälle *nicht* **vertreten** lassen. Denn *obligatio est iuris vinculum, quo necessitate adstringimur alicuius solvendae rei secundum nostrae civitatis iura*[98], *ut enim bovis funibus visualiter ligantur, sic homines verbis ligantur et intellectualiter*[99]. Fesseln aber können nur dem angelegt werden, der *anwesend* ist. Dies gilt *mutatis mutandis* auch für vertragliche Fesseln.

Den Ursprung dieses Denkens vermutet HONSELL im Formalismus der Pontifikaljurisprudenz[100]: So wie ein religiöser Ritus durch Stellvertretung unecht und deshalb unwirksam wäre (Extremfall: Beichte), so war es den in archaischer Zeit rechtsprechenden Priestern selbstverständlich, dass analog zu den religiösen Banden auch die vertraglichen nur höchstpersönlich geknüpft werden konnten. Ferner widersprach es dem Selbstwertgefühl der Römer, einen **Quiriten**[101] quasi als Werkzeug einzusetzen.

[88] Deshalb erfolgte auch iR eines *mandatum* lediglich eine sog. *mittelbare* **Stellvertretung**[102], bei der der „Stellvertreter" Vertragspartner, also aus dem Vertrag berechtigt und verpflichtet wird. Auf der zweiten Stufe ist er dann seinem Auftraggeber gegenüber verpflichtet, das erworbene Eigentum auf diesen zu übertragen. Gleichzeitig hat er einen Aufwendungsersatzanspruch gegen diesen in Höhe des Kaufpreises. Dies führt zunächst zur

---

[98] Das Schuldverhältnis ist eine rechtliche Fessel[!], durch die uns der Zwang auferlegt wird, nach dem Recht unseres Gemeinwesens eine Schuld zu erfüllen (Inst. 3, 13 pr.; Übers. na. KKL, Rdnr. 32.1).

[99] Wie nämlich Rinder durch Stricke sichtbar gebunden werden, so werden Menschen durch Worte geistig gebunden (so wohl die Glosse, zit. na. KKL, Rdnr. 32.1).

[100] § 10 I, S. 35.

[101] Inhaber des römischen Bürgerrechts (https://de.wikipedia.org/wiki/Quiriten, 15.01.2024).

[102] Anschaul. Gai. 3, 103.

[89] *Lösung zu a):* Verpflichteter aus dem Vertrag mit *Borus Pistorius* wird *Schraubverschlus*, mit dem die auf den Vertragsschluss gerichteten Erklärungen ausgetauscht wurden, nicht *Aeppeltschus*, so dass *Pistorius* ggf. *Schraubverschlus* auf die Bezahlung der Brote verklagen muss. Die gleiche *Lösung zu b)* ergibt sich für den Eigentumserwerb: Auch hier ist nur mittelbare Stellvertretung möglich, d.h., *Schraubverschlus* wird zunächst Eigentümer und ist aus dem *mandatum* verpflichtet, hernach das von *Pistorius* erworbene Eigentum auf *Aeppeltschus* zu übertragen. Man fasst dies in dem Satz *per liberas personas, quae in potestate nostra non sunt, adquiri nobis nihil potest*[103] oder *alteri stipulari nemo potest*[104] zusammen.

b) Die actio de peculio

[90] *Abw.:* Nicht *Schraubverschlus*, sondern Stichus nimmt das Geschäft vor. Er hat als *peculium* eine Kürschnerei iWv 20 HS. Seinem *dominus Aeppeltschus* schuldet er noch 7 HS.

Problemstellung:

[91] *a)* Dieser ist zwar als **Sklave** kein Mensch, sondern nur eine Sache, so dass sich die o.a. Werkzeugproblematik nicht stellt. Andererseits, natürlich kann ein Sklave seinen Herrn noch weniger verpflichten als ein Quirite. Die Obligationen, die er begründet, sind **Naturalobligationen**, d.h., er kann kondiktionsfest erfüllen, aber *nicht* **auf Zahlung verklagt** werden[105], sein Herr ebenfalls nicht[106]. Den Kaufpreis erhält

---

[103] Durch freie Personen, die nicht unserer Gewalt unterstehen, kann nichts für uns erworben werden (Pauli sent. 5, 2, 2).

[104] Zugunsten eines anderen kann man sich nichts versprechen lassen; s. hierzu D. 44, 7, 11.

[105] KKL, Rdnr. 15.11; PIKO, Fall 21, Var. S. 140.

[106] Auf die Ausnahme der *actio de peculio* komme ich später zu sprechen.

Pistorius also von Stichus nicht. Erhält er ihn dennoch, darf er ihn aber behalten.

[92] *b)* Jedoch ist ein Sklave, weil er ja nur eine Sache ist, nicht rechtsfähig, also auch nicht vermögens(rechts)fähig und erwirbt daher alles, was er erwirbt, in das Eigentum seines *dominus*. In diesem Fall also wird *Aeppeltschus* Eigentümer, muss aber nicht bezahlen, ist jedoch der Kondiktion des *Pistorius* hinsichtlich der Brote ausgesetzt.

Zur Klarstellung: Die Eigentumsfrage wurde in den Beispielen oben nur deshalb behandelt, weil sich diese Frage aufdrängt. Für die Behandlung der *actio exercitoria* hat sie keine Bedeutung.

[93] Diese Situation wurde mit einer zunehmend sich entwickelnden Wirtschaft, etwa ab den Punischen Kriegen, zu Beginn des 2. Jh. v. Chr., als unbefriedigend empfunden. Unternehmer benötigten Gehilfen, die für sie rechtswirksam handeln konnten, und deren Kunden und Lieferanten benötigten die Sicherheit, dass sie an ihr Geld kamen[107]. Hinzu trat, dass viele Herren ihren Sklaven, die i.A. im 4. Lebensjahrzehnt freigelassen wurden, eine Lebensgrundlage für die Zeit in Freiheit sichern wollten. Hierfür statteten sie sie mit einem *peculium* aus, das wohl anfangs wirklich aus *pecus*[108] (Vieh) bestanden haben mag, später aber v.a. auf Handwerksbetriebe wie Schmiede, Kürschnerei, Seilerei, Weberei etc. ausgedehnt wurde.

Denn Sozialfürsorge[109] gab es im römischen Reich nur in äußerst geringem Umfang und ging über die *annona* i.A. nicht hinaus. Dies ging so weit, dass Quiriten, also freigeborene römische Bürger, die begriffsnotwendig gar nicht versklavt werden konnten, wenn sie

---

[107] RINCKENS, BRZ 2023, 123, re.

[108] Hiervon auch *pecunia* für Geld, vielleicht weil im Übergang von der Tausch- zur Geldwirtschaft Vieh als abstrakter Wertmesser eingesetzt wurde. S.a. das berühmte Wort des *Vespasian: pecunia non olet* (https://praxistipps.focus.de/geld-stinkt-nicht-bedeutung-und-herkunft-der-redewendung_137377, 09.01.2024).

[109] Mehr hierzu bei KLOFT, aaO (FN 3), S. 88 ff.

ihre Arbeit und Wohnung verloren hatten, in Haushalte gingen, von denen sie wussten, dass die Sklaven dort menschlich behandelt wurden, und behaupteten, Sklaven zu sein, und um Aufnahme als Sklaven baten, um ihren Lebensunterhalt zu sichern. Anders war es bei den Christen. Sie hatten mit der Diakonie[110] eine ausgebildete Sozialfürsorge, die sie auf eigene Kosten betrieben. Deshalb dürfte die Etablierung des Christentums als Staatsreligion weniger mit dem Ausgang der Schlacht an der Milvischen Brücke[111] als mit der Diakonie zu tun haben. Hellsichtig erkannte *Konstantin*[112], dass die durch die Diakonie betriebene Sozialfürsorge die Bevölkerung ruhig hielt und somit seine Macht sicherte. Und das, ohne ein As dafür auszugeben! Welcher heutige Politiker träumte nicht auch davon!

[94] Wenn nun jemand mit einem Sklaven, der Inhaber eines *peculium* war, in Vertragsbeziehungen trat, so konnte er bei Schwierigkeiten in der Vertragsabwicklung in eine ungünstige Situation geraten: Den Sklaven konnte er nicht verklagen, und mit dem *dominus* hatte er keinen Vertrag, konnte gegen diesen also erst recht nicht vollstrecken. Die Folge davon wäre gewesen, dass kaum jemand mit den Sklaven Verträge schloss, der Markt nicht ausreichend versorgt wurde und die Sklaven nicht in der Lage waren, ihre Lebensgrundlage für die Zeit nach der *manumissio*, der Freilassung, zu schaffen.

[95] Dem begegnete man mit der **actio de peculio**: Hatte der Sklave, der ein *peculium* besaß, Rechtsgeschäfte abgeschlossen, so konnte daraus **gegen** seinen **Geschäftsherrn** geklagt werden, u.zw. *un*abhängig davon, ob der Gegenstand des Geschäfts mit dem *peculium* zusammenhing[113]. Aller-

---

[110] Https://de.wikipedia.org/wiki/Diakonie#Alte_Kirche (abgerufen 28.12. 2023).

[111] Https://de.wikipedia.org/wiki/Schlacht_an_der_Milvischen_Br%C3%BCcke (28.12. 2023).

[112] Https://de.wikipedia.org/wiki/Konstantin_der_Gro%C3%9Fe (28.12. 2023).

[113] KKL, Rdnr. 49.5; PIKO, Fall 63, S. 326.

dings: Die **Haftung** des Gewalthabers war auf den **Wert des peculium** im Zeitpunkt der Verurteilung **beschränkt**[114].

[96] Um Tricksereien zu vermeiden, wurde hinzugerechnet, was der Geschäftsherr in **Gläubigerbenachteiligungsabsicht**[115] entfernt hat, ferner, was er dem Inhaber des *peculiums* schuldete. In **Abzug** kamen **Forderungen** gegen den Träger des *peculiums*[116].

[97] *Lösung: Pistorius* hat gegen *Aeppeltschus* die *actio de peculio*. Dessen Wert beträgt 20 HS, wovon allerdings 7 HS, die Stichus *Aeppeltschus* schuldet, abzuziehen sind. Da seine Forderung 15 HS beträgt, kann er also nur (20 - 7 =) 13 HS iWd actio de peculio erlösen. Mit den restlichen 2 HS fällt er aus. Zahlt Stichus jedoch diese, darf er sie behalten. Hätte Stichus - unwahrscheinlich - einen Bürgen gestellt und würde dieser zahlen, wäre auch dies wirksam[117].

D.h.: Der Sklave schuldet weiterhin, nur kann gegen ihn nicht vollstreckt werden, er haftet also nicht. Sein *dominus* schuldet nicht, haftet aber. Somit wird nicht die Schuld des Sklaven durch die Schuld des Herrn ersetzt, vielmehr wird ihr dessen **Haftung** *hinzugefügt*, adjiziert. Grundlage ist das *peculium*. Man nennt sie daher ***actio de peculio***. Allerdings ist die Haftung des *dominus* auf den Vermögensstand des *peculium* im Zeitpunkt der letzten mündlichen Verhandlung beschränkt. Denn zum einen soll der *dominus* durch seinen Sklaven nicht belastet werden, denn dies wäre unwürdig. Zum andern ist das Betriebsvermögen die Grundlage von *dessen* Teilnahme am Wirtschaftsleben. Dies begründet nicht nur, es *begrenzt* auch die Haftung des Vermögensinhabers, denn das Vertrauen des Rechtsverkehrs richtet sich auf den Bestand des *peculium*.

---

[114] Gai. 4, 72a; Inst. 4, 7, 4 u. 4b; KKL, Rdnr. 49.5.

[115] D. 15, 3, 1, 1; 15, 1, 21 pr.

[116] Gai. 4, 73; Inst. 4, 7, 4c; KKL, Rdnr. 49.6.

[117] D. 12, 6, 13 pr.

c) Die actio exercitoria

aa) Funktionsweise

[98] Nun erfolgt der Schritt zur *actio exercitoria*, die sich in folgendem

Problem kristallisiert: Stichus ist *magister navis* auf der dem *Marcus Darmverschlus* gehörigen „AMOR ET VENUS". Dieser hat ihn mit einer Seilerei als *peculium* ausgestattet. Der *mango*[118] *Lucius Musencus* beauftragt ihn, die beiden Sklavinnen Cleo und Patra, zwei ausgesprochen hübsche griechische Zwillingsmädchen[119] im Gesamtwert von 7.000 HS, von Alexandria nach Narbo Martius zu verschiffen. Ausdrücklich verabredet wird Transport auf der „AMOR ET VENUS", und ausgeschlossen wird Transport auf der weniger sicheren „BANANA". Dennoch lädt Stichus die beiden Sklavinnen auf die „BANANA". Im Fretum Siculum[120] gerät diese zwischen Scylla und Charybdis und zerschellt an einem Felsen. Die beiden Sklavinnen sterben. Dagegen umschifft die „AMOR ET VENUS" elegant Sizilien bei Lilybaeum und gelangt wohlbehalten in Narbo Martius an.

[99] *Problemstellung: Musencus* hat gem. D. 14, 2, 10, 1, S. 1 einen Schadensersatzanspruch, u.zw. nach ganz hM, da die Voraussetzungen der Ausnahme, die *Julius Paulus* in S. 2 macht, nicht gegeben sind. Aber gegen wen besteht der An-

---

[118] Sklavenhändler.

[119] Speziell hierzu D. 9, 2, 22, 1, wo die Tötung eines Zwillings höher veranschlagt wurde als die eines anderen Menschen. Gemeint sein dürfte ein eineiiger Zwilling, der zusammen mit seinem Geschwister in einem Haushalt diente, wobei es offensichtlich die Römer entzückte, zwei Menschen zu sehen, die einander zum Verwechseln ähnlich waren. D.h. im Umkehrschluss, dass der Wert eineiiger Zwillinge höher war als der „normaler" Sklaven, der mit ca. 2.500 HS veranschlagt werden kann (KLOFT aaO [FN 3], S. 107, Tab.).

[120] Straße von Messina (https://la.wikipedia.org/wiki/Fretum_Sic ulum, 03.01.2024).

spruch, gegen Stichus oder gegen *Darmverschlus?* Kommt es auf den Wert des *peculium* an?

[100] Stichus kann nur Naturalobligationen begründen: Zahlt er, kann er nicht kondizieren, zahlt er nicht, kann er nicht verklagt werden. Bedenkt man nun, dass das Schuldverhältnis eine rechtliche Fessel ist, durch die Menschen durch Worte geistig ebenso gebunden werden wie Rinder durch Stricke sichtbar gebunden werden[121], so liegt es nahe, dass eine Forderung gegen *Darmverschlus* nicht bestehen kann, da *Musencus* ja nicht mit ihm verhandelt hatte.

[101] Allerdings käme die *actio de peculio* in Betracht. Dabei kommt es zwar nicht darauf an, dass das *peculium* keinen Bezug zum Betrieb des Schiffes hat. Aber die Haftung ist auf den Wert des *peculium* begrenzt[122]. Ist dieses wertlos, geht *Musencus* leer aus.

[102] Geht man von der eingangs geschilderten Bedeutung des Seehandels für das *Imperium Romanum* aus, wobei eine Vielzahl von Schiffen und Reedereien mit wechselnden *magistri navis* in einem Hafen tätig ist, so kann einem Befrachter kaum angesonnen werden, sich nach den Verhältnissen des *magister navis*, mit dem er kontrahieren will, insbes. danach zu erkundigen, ob er ein *peculium* und welchen Wert dieses, ggf. nach Abzug von Verbindlichkeiten, hat. Denn hierfür hat er die Beweislast[123]. Gibt es also noch eine andere Möglichkeit?

---

[121] S. hierzu o., Rdnr. 87.

[122] S. hierzu o., Rdnr. 95.

[123] Hierzu Gai. 4, 74: Aber es wird niemand so dumm sein, sich in die Schwierigkeit zu stürzen, nachzuweisen, dass derjenige, mit dem er abgeschlossen hat, ein *peculium* hat und dass er daraus zufriedengestellt werden kann ..., wenn er durch eine der anderen Klagen *(actio quod iusso, actio exercitoria* oder *actio institoria)* ganz sicher den vollen Betrag erlangen kann. Ebenso Inst. 4, 7, 5 und GROTKAMP,

[103] *Lösung: a)* Hierzu D. 14, 1, 1 pr. u. 2: Da man oft in Zusammenhang mit der Schifffahrt mit *magistri navis* Verträge schließt, *ohne zu wissen, in welchen Verhältnissen*[124] *und wer sie seien,* schien es angemessen, dass der **Reeder**, der den *magister navis* angestellt hat, **unmittelbar verpflichtet** wird *(actio exercitoria)*, so wie derjenige verpflichtet wird, der einen Factor[125] in einem Kaufladen oder zu einem Geschäfte angestellt hat. Denn man ist noch mehr in der Notwendigkeit, mit dem *magister navis* zu kontrahieren als mit dem Factor, weil die Umstände gewöhnlich gestatten, die Verhältnisse des Factors zu untersuchen und dann mit ihm abzuschließen oder auch nicht, *nicht so hingegen beim Schiffer, bei welchem bisweilen Ort und Zeit eine reifere Überlegung nicht zulassen.* Mehr am *Willen* und *Profit* des Reeders orientiert meint Gai. 4, 71, 3. u. 5. Satz, dass ein solches Geschäft auf dem Willen des Reeders beruht und es deshalb am angemessensten sei, eine Klage unmittelbar gegen diesen zu gewähren (3) und auch weil ihm der Gewinn aus dem Betrieb des Schiffs zufließt (5)[126]. Dass der *magister navis* auch ein **Sklave** sein konnte, weiß D. 14, 1, 1, 4.

D.h.: *Musencus* kann *Darmverschlus*, *un*mittelbar in Anspruch nehmen. *Insoweit* und nur insoweit ähnelt die Rechtslage nach der *actio exercitoria* der nach *§ 164 Abs. 1 BGB*. Doch liegt *kein* Fall direkter Stellvertretung vor[127].

[104] *b)* Insoweit liegt der Fall parallel zur Inanspruchnahme iRd *actio de peculio*. Dort allerdings gilt die Haftungsbeschränkung auf den Wert des *peculium* im Zeitpunkt der Ver-

---

https://www.academia.edu/5144203/Missbrauch_und_Gebrauch_des_peculium, S. 132 (9), Text bei FN 32.

[124] Dies nimmt wohl Bezug auf die *actio de peculio*.

[125] Unselbständiger Leiter eines Ladengeschäfts. Dies nimmt Bezug auf die *actio institoria* in D. 14, 3.

[126] Ebenso für die *actio institoria* D. 14, 3, 1 pr.

[127] RINCKENS, BRZ 2023, 120 sub III; Einzelheiten u. Rdnr. 114.

urteilung[128]. Während iRd *actio exercitoria* die **unbeschränkte Haftung** *(in solidum)* gegeben ist[129].

[105] *c) Ergebnis: Darmverschlus* muss *Musencus* auf die *actio exercitoria* 7.000 HS für den Verlust von Cleo und Patra leisten[130], weil er bzw. Stichus, dessen Verhalten ihm zuzurechnen ist, gegen die Abrede, die Sklavinnen nicht auf der „BANANA" zu transportieren, verstoßen hat und diese dadurch umgekommen sind. Auf das *peculium*, dessen Wert und Gegenstand kommt es *nicht* an.

[106] *Art. 566 ADHGB* hatte die römisch-rechtliche Lage übernommen. *Abs. 1 S. 1:* Der Verfrachter ist nicht befugt, ohne Erlaubniß des Befrachters die Güter in ein anderes Schiff zu verladen. *Satz 2:* Handelt er dieser Bestimmung zuwider, so ist er für jeden Schaden verantwortlich, in Ansehung dessen er nicht beweist, daß derselbe auch dann entstanden und dem Befrachter zur Last gefallen sein würde, wenn die Güter nicht in ein anderes Schiff verladen worden wären.

Abs. 2: Auf Umladungen in ein anderes Schiff, welche in Fällen der Noth nach Antritt der Reise erfolgen, findet dieser Artikel keine Anwendung.

Ähnlich die aktuelle Rechtslage, wo allerdings der Befrachter noch die Wahrscheinlichkeit des Schadens infolge der fehlenden Eignung des Schiffs nachweisen muss, bevor sich die Beweislast zum Nachteil des Verfrachters umkehrt: Nach *§ 498 Abs. 2 S. 2 HGB* haftet der Verfrachter, wenn das Gut mit einem seeuntüchtigen oder ladungsuntüchtigen Schiff befördert wurde und nach den Umständen des Falles wahrscheinlich ist, dass der Verlust oder die Beschädigung auf dem Mangel der See- oder Ladungstüchtigkeit beruht, sofern

---

[128] S.o. Rdnr. 95.

[129] D. 14, 1, 1, 20; Gai. 4, 71 u. 74 *i.f.*; Inst. 4, 5, 7.

[130] S.a. RINCKENS, BRZ 2023, 119 sub III.

er nicht beweist, dass der Mangel der See- oder Ladungstüchtigkeit bei Anwendung der Sorgfalt eines ordentlichen
Verfrachters bis zum Antritt der Reise nicht zu entdecken
war.

Dass das Umladen auf andere Schiffe auch heute noch,
wenngleich andere, Probleme machen kann, zeigt das BGH-
Urteil vom 20.04.2023, Az. I ZR 140/22, wo die Ware auf ein
anderes Schiff umgeladen wurde, wodurch die fristgemäße
Ablieferung von Automobilzubehör in Mexiko verzögert wurde und ein Produktionsausfall im Werk in Mexiko drohte. Die
beklagte Spedition lehnte Aufforderungen des Automobilzu-
lieferers ab, die Container bevorzugt zu befördern und ggf.
auch schnellere Transportmittel einzusetzen. Daraufhin ließ
der Automobilzulieferer durch einen anderen Frachtführer
eine Ersatzlieferung per Luftfracht zum Werk nach Mexiko
verfliegen. Die Klägerin als sein Versicherer regulierte die
dadurch entstandenen Mehrkosten ihrer VN und nahm die
Beklagte erfolgreich auf Erstattung in Anspruch.

bb) Entstehung und ratio legis

[107] Bevor ich hier noch ein paar Worte zur *ratio legis* verliere, soll die Entstehung der *actio exercitoria* skizziert werden: Als der Seehandel zunehmend an Bedeutung gewann
und man die Verhältnisse in den Häfen nicht mehr übersehen
konnte, entstand die Notwendigkeit, Vertrauen zu schaffen,
da sonst der Seehandel unbedeutend geblieben wäre und die
Versorgung der wachsenden Bevölkerung sich verschlechtert
hätte. RINCKENS vermutet deshalb den Ursprung der *actio
exercitoria* darin, dass Urkunden vorgelegt wurden, die über
Bestand und Umfang der Vollmacht der *magistri navis* Aus-
kunft gaben. Sie dienten wohl ursprünglich dazu, den immer
wichtiger werdenden Seehandel effizienter und damit lukrati-
ver zu machen, indem Reeder auf diese Weise ihre Haftung
manifestierten und damit das Vertrauen schufen, das für Kre-

ditgeschäfte notwendig war[131]. Auf diese Weise sei ein - jedoch zunächst noch unverbindlicher - Handelsbrauch entstanden, den der Prätor iFd *actio exercitoria* übernommen und somit verbindlich, also klagbar gemacht habe[132]. Angesichts einer ohnehin hohen Alphabetisierungsrate im *imperium Romanum*, v.a. aber der hohen Summen, die im Seehandel bewegt wurden, ist es wahrscheinlich, dass die daran Beteiligten lesen, schreiben und rechnen konnten, so dass diese Behauptung Sinn macht.

[108] Nun zur *ratio legis.*

a) Dass der Reeder, der *exercitor*, überhaupt haftet, folgt aus den fehlenden Informationsmöglichkeiten des Befrachters[133]. Denn würde der Reeder nicht haften und einen Sklaven als *magister navis* einsetzen, wäre der ersatzberechtigte Befrachter quasi rechtlos, wenn sich ein Unfall oder ein sonstiger Schaden ereignete. Denn sein Anspruch wäre nichts

---

[131] BRZ 2023, 126, li., Text bei FN 79.

[132] „In der Realität des Handels bewegen sich die Händler in einem Umfeld, in dem verschiedene Rechtssysteme, informelle Normen, Konventionen und Gebräuche gleichzeitig bestehen und sich vermischen. Häufig werden diese nicht von der Obrigkeit, sondern über soziale Sanktionen durchgesetzt ... Darüber hinaus werden diese Transaktionen durch den Willen und die Handlungen der beteiligten Parteien bestätigt. Diese Art, Handel zu treiben, ist in fast allen großen vormodernen Gesellschaften verbreitet, wie es die römische ist. Sie haben in der Regel mit schwachen formellen Institutionen und fehlenden Durchsetzungsmöglichkeiten zu kämpfen und sind daher in hohem Maße darauf angewiesen, dass auferlegte formelle Institutionen übernommen und an bereits bestehende lokale Praktiken und Regeln angepasst werden" (FERRÁNDIZ, https://www.uni-muenster.de/EViR/transfer/blog/2021/20211115 traders.html, Abschn. „Top-Down-Perspektive"; 13.01.2024). S.a. RINCKENS' Hinweis auf die in der Antike weit verbreitete Praxis der Empfehlungsschreiben (BRZ 2023, 126, Text in FN 79).

[133] D. 14, 1, 1 pr. u. 2.

wert, da der Sklave nicht haftet, sondern nur Naturalobligationen begründet. Der Reeder hingegen hätte die Fracht eingeheimst. Deshalb muss die Haftung (auch) diesen treffen. RINCKENS[134] nennt ihn den *cheapest-cost-avoider*[135].

[109] *b)* Dass die Haftung jedoch aufs Ganze geht, hat nicht nur mit der fehlenden Informationsmöglichkeit des Befrachters zu tun. Denn bei vollständiger Information kann sich ja ergeben, dass der *magister navis* ein *peculium* hat, bei dessen Vorliegen nur die haftungsbeschränkte *actio de peculio* gegeben wäre, und dennoch erfolgt auch hier die Haftung *in solidum*, wie sich aus dem Schweigen der Vorschriften in D. 14, 1 hierzu ergibt.

[110] Dies hat mE mehr mit Willen und Profit des Reeders[136] und vielleicht auch mit der Situation des Befrachters zu tun. Denn da das Risiko der Seefracht extrem hoch war, wie die von STECKLINA[137] angenommene Verlustquote von ca. 20% zeigt, dürften die Profitspannen sehr hoch gewesen sein, um einkalkulierte Verluste auszugleichen. Dies dürfte jedoch gleichzeitig die Möglichkeit auch zu nicht gerechtfertigt hohen Preisen geschaffen haben, da die Befrachter ja kaum Einsicht in die Kalkulationen der Reeder hatten. Die Haftung *in solidum* könnte somit auch dazu gedient haben, hier einen Ausgleich zu schaffen. Hinzu getreten sein könnte noch die Möglichkeit der Kartellbildung der Reeder eines Hafens, die alle ihre *magistri navis* mit wertlosen *peculia* hätten ausstat-

---

[134] BRZ 2023, 123, Text in FN 57, 130, Text bei FN 111.
[135] Vertragspartner, der bei vermeidbaren Vertragsstörungen den Schaden mit den geringsten Kosten hätte vermeiden können, s. z.B. https://wirtschaftslexikon.gabler.de/definition/cheapest-cost-avoier-30473/version-254054 (03.01.2024).
[136] Gai. 4, 71, 3. u. 5. Satz.
[137] AaO (FN 9), s.a. RINCKENS, BRZ 2023, 121 sub 2, re.

ten können, um der Haftung zu entgehen („Strohmänner")[138].
Demgegenüber stand jedoch oft der Termindruck der Befrachter, die im Bestimmungshafen bei Fristversäumung eine
empfindliche Vertragsstrafe traf oder die verderbliche Ware
übers Meer zu befördern hatten.

d) Anwendungsfälle

[111] Anwendungsfälle gem. D. 14, 1, 1, 7 sind das Verchartern des Schiffs, der Einkauf von Dingen, die auf der Fahrt
dienlich sind wie bspw. Proviant, Werkverträge oder sonstige
Aufwendungen zur Ausbesserung des Schiffs oder die Entrich-
tung der Heuer an die Matrosen. D. 14, 1, 1, 12 ist deutlicher,
insbes. was Kollisionsfälle anlangt. In S. 1 wird klargestellt,
dass die Art der Anstellung den Kontrahenten als bestimmende Norm für den Umfang der *actio exercitoria* dient. Wenn
daher der *exercitor* den *magister navis* bloß dazu angestellt
hat, um den Frachtlohn zu erheben, nicht aber um es zu verchartern, so kann er nicht aus der *actio exercitoria* in Anspruch genommen werden, wenn der *magister* es verchartert
(S. 2). Umgekehrt gilt dasselbe: Wer nur zum Verchartern auf
dem Schiff angestellt ist, kann nicht mit einzelnen Befrachtern
oder Passagieren Frachtverträge schließen und die Fracht
kassieren. In diesem Fall haben die Kontrahenten das Nach-
sehen und müssen sich an den *magister navis* mit der *condictio indebiti* wenden (S. 3). Ebenso, wenn er dazu angestellt ist,
Transportverträge mit Passagieren zu schließen, nicht aber
zur Güterfracht oder umgekehrt, so wird er, wenn er diese
Grenzen überschreitet, den Reeder nicht verpflichten (S. 4).
Aber auch, wenn er angestellt ist, um es zur Fracht von gewissen Gütern zu verdingen, zum Beispiel Hülsenfrüchten oder

---

[138] Zu der Konstellation mit einem Sklaven als *exercitor* RINCKENS,
BRZ 2023, 132, li., Text bei FN 122. Doch zieht dieses Argument mE
auch für die Einführung der *actio exercitoria* überhaupt.

Hanf, und es zu Marmor oder anderen Baustoffen verdingt, greift die *actio exercitoria* nicht (S. 5). Interessant sind die sachbezogenen Elemente der Begründung in den beiden Folgesätzen. Denn offenbar sollte hier Bestrebungen der Kontrahenten, die sich keine *praepositio* hatten vorlegen lassen, entgegengewirkt werden, allein aufgrund der Anwesenheit des *magister navis* auf dem Schiff eine umfassende - in heutiger Terminologie - „Anscheinsvollmacht" zu konstruieren. Vielmehr oblag ihnen die Pflicht, aus der Gesamtheit der Umstände zu ermitteln, ob der *magister* die von ihnen gewünschte „Vollmacht" tatsächlich hat. Zunächst S. 6: Denn einige Schiffe sind Lastschiffe, andere aber bestimmt, Passagiere zu führen, und die meisten Reeder schreiben vor, keine Passagiere aufzunehmen und in einer gewissen Gegend oder einem gewissen Meere Geschäfte zu machen[139]; wie es Schiffe gibt, die von Cassiopa[140] oder Dyrrachium[141] nach Brundisium[142] Passagiere übersetzen und zur Güterfracht untüchtig sind. So sind auch einige in einem Strome tauglich, die nicht See halten können (S. 7).

---

[139] Der Grund hierfür könnte die in der Antike nicht unwesentliche Piraterie gewesen sein. Hierzu FERRÁNDIZ, https://www.uni-muenster.de/EViR/transfer/blog/2021/20211115traders.html, Abschn. „*mare nostrum*": „Doch selbst wenn [die Römer] die Piraterie gezielt bekämpften, verschwindet diese im Laufe der Geschichte nie ganz, sondern ist je nach gesellschaftlicher und politischer Lage in einem bestimmten Gebiet mal mehr, mal weniger stark ausgeprägt" (13.01.2024). S.a. D. 47, 9, 10.

[140] Gemeint sein dürfte Kassiopi auf Korfu (https://de.wikipedia.org/wiki/Kassiopi, 08.01.2024).

[141] Https://de.wikipedia.org/wiki/Durr%C3%ABs#Antike (abgerufen 08.01.2024).

[142] Https://de.wikipedia.org/wiki/Brindisi#Antike (08.01.2024).

e) Gegenwärtige Rechtslage

[112] Das gegenwärtige Recht ist hier pragmatischer: Es kennt die **unmittelbare Stellvertretung**. Die *Wirkung* des Handelns in Vollmacht ergibt sich aus *§ 164 Abs. 1 S. 1 BGB:* Eine Willenserklärung, die jemand innerhalb der ihm zustehenden Vertretungsmacht im Namen des Vertretenen abgibt, wirkt unmittelbar für und gegen den Vertretenen. Um rabulistische Komplikationen zu vermeiden, regelt *Satz 2:* Es macht keinen Unterschied, ob die Erklärung ausdrücklich im Namen des Vertretenen erfolgt oder ob die Umstände ergeben, dass sie in dessen Namen erfolgen soll.

Den **Umfang der Vollmacht des Kapitäns** regelt *§ 479 Abs. 1 HGB.* Zunächst *Satz 1:* Der Kapitän ist befugt, für den Reeder alle Geschäfte und Rechtshandlungen vorzunehmen, die der Betrieb des Schiffes gewöhnlich mit sich bringt. *Satz 2* stellt klar: Diese Befugnis erstreckt sich auch auf den Abschluss von Frachtverträgen und die Ausstellung von Konnossementen.

3.) Voraussetzungen

[113] *Problem: Gaius Aeppeltschus* ist Eigentümer der „AMOR ET VENUS". Er schickt das Schiff auf einen Getreideimport iRd *annona* nach Alexandria, setzt *Titus Totalisator* als *magister navis* ein und gibt ihm eine *praepositio*[143] mit, die ihn u.a. dazu bevollmächtigt, mit Wirkung für den *exercitor* Arbeiten zur Ausbesserung des Schiffs durchführen zu lassen. Als er vor Cyprus[144] in schwere See gerät, bricht der Mast. Er begibt sich daraufhin in die Werft des *Claudius Reparatius* in Salamis[145], um ihn richten zu lassen, wobei er sich als Reeder ausgibt. Die Rechnung iHv 12 *aurei* bleibt er schuldig.

---

[143] Ermächtigung, Einzelheiten u. Rdnr. 162.
[144] Https://la.wikipedia.org/wiki/Cyprus (13.01.2024).
[145] Https://de.wikipedia.org/wiki/Salamis_(Zypern) [13.01.2024].

Als sich *Reparatius* an *Aeppeltschus* wendet, lehnt dieser die Zahlung ab, weil *Totalisator* nicht in seinem, sondern im eigenen Namen gehandelt habe. Jedenfalls aber habe er sich nicht die *praepositio* vorlegen lassen.

[114] *Problemstellung:* Nach § 164 Abs. 1 S. 1 BGB wirkt eine Willenserklärung, die jemand innerhalb der ihm zustehenden Vertretungsmacht im Namen des Vertretenen abgibt, unmittelbar für und gegen den Vertretenen. Nach Abs. 2 der Vorschrift kommt der Mangel des Willens, im eigenen Namen zu handeln, nicht in Betracht, wenn der Wille, in fremdem Namen zu handeln, nicht erkennbar hervortritt. Danach hätte *Aeppeltschus* Recht. Da viele Vorschriften des BGB ihre Wurzel im römischen Recht haben, liegt diese Argumentation also nahe.

Allerdings kannte das römische Recht die direkte Stellvertretung nur in Ausnahmefällen, und die *actio exercitoria* ist kein Fall der direkten Stellvertretung, sondern eine *Haftungserstreckung* iW einer adjektizischen Klage, die anhand des zwischen dem *magister navis* und dem Kontrahenten abgeschlossenen Geschäfts beurteilt wird[146].

[115] *Lösung:* Der *magister navis* muss, anders als nach BGB, *nicht* im Namen des Reeders handeln, um die *actio exercitoria* gegen diesen zu begründen. Dies wäre mit der Natur der adjektizischen Klagen unvereinbar. Der primären Klage gegen den *magister navis* wird nämlich lediglich eine zweite Klagemöglichkeit *hinzugefügt*, adjiziert[147]. Danach wäre der Anspruch des *Totalisator* also begründet.

---

[146] RINCKENS, BRZ 2023, 124 f.

[147] RINCKENS, BRZ 2023, 126, li. Der Fall liegt insoweit(!) ähnlich wie der einer Haftung ohne Schuld, der bspw. iRd Bürgschaft gegeben ist. S.a. RINCKENS, BRZ 2023, 125, re., Text in FN 67, wo unter Bezugnahme auf D. 14, 1, 1, 24 von einer „mittelbaren Verpflichtung" die Rede ist.

[116] Doch soll sich für den Dritten zumindest aus den Umständen ergeben müssen, dass der *magister navis* **für einen von ihm personenverschiedenen Reeder** handelt. Denn nur dann habe er den Vertrag im Vertrauen auf die Haftung des *exercitor* abgeschlossen und sei schutzwürdig. Dies erlaube es auch, ihm das Risiko aufzubürden, dass keine *praepositio* vorliege[148].

[117] Da *Reparatius* hier *nicht* im Vertrauen auf die Haftung des *Aeppeltschus* gehandelt, sondern geglaubt hat, dass *Totalisator* der Reeder sei, muss er sich auch an diesen halten. Gegen *Aeppeltschus* hat er *keinen* Anspruch.

[118] *Anders* wäre es, wenn *Totalisator* hier ein Handeln für *Aeppeltschus* deutlich gemacht hätte. Dann wäre wohl sogar eine Vorlage der *praepositio* entbehrlich gewesen und *Reparatius* hätte dennoch *Aeppeltschus* - in deren Grenzen allerdings nur[149] - in Anspruch nehmen können.

[119] *Abw.:* Der Mast muss ausgetauscht werden. In der beiderseitigen Annahme, es handele sich um einen Mast aus Steineiche, wird dieser eingesetzt. Hernach stellt sich heraus, es war ein Mast aus Zedernholz.

[120] *Problemstellung und Lösung:* Man wird hier wohl von einem Kaufvertrag mit Montageverpflichtung ausgehen müssen, da das Schwergewicht der Vertragsbeziehung auf dem Kauf des neuen Masts liegt. *Ulpian* zufolge aber ist ein Kaufvertrag unwirksam, wenn die Vorstellung der Vertragspartner über die Eigenschaft der Sache vollständig von der Realität abweicht[150].

---

[148] RINCKENS, BRZ 2023, 126, li.

[149] S. hierzu u. Rdnr. 163 ff.

[150] *Si autem aes pro auro veneat, non valet* (wenn aber Kupfer für Gold gegeben wird, so ist der Vertrag nicht gültig; D. 18, 1, 9, 2). AA *Marcellus*, D. 18, 1, 9, 2, *quia in corpus consensum est, etsi in materia sit erratum* (weil über den Gegenstand Einigkeit besteht, wenn auch hinsichtlich seiner Eigenschaften Irrtum vorliegt). Dies hat v.a.

[121] Geht man infolgedessen von Unwirksamkeit des Kaufvertrags aus, weil Zedernholz ein *aliud* gegenüber Steineiche ist, so ist auch die *actio exercitoria nicht* gegeben. Denn der Haftung des *exercitor* liegt die Haftung des *magister navis* zugrunde[151]: Wurde diese nicht wirksam begründet, ist jener der Boden entzogen.

[122] *Ergebnis: Reparatius* hat gegen *Aeppeltschus nicht* die *actio exercitoria*, wohl aber die *condictio indebiti*, die Leistungskondiktion[152], die er jedoch gegen *Totalisator* richten muss, da er an diesen geleistet hat.

4.) Persönliche Reichweite

a) Vertrag mit Matrosen
[123] *Problem:* In dem Fall v.o. Rdnr. 98 verhandelt *Musencus* nicht mit Stichus, sondern mit Pamphilus, einem Sklaven aus Hydruntum[153], der für die Funktionstüchtigkeit der Segel zuständig ist.

---

in Haushaltsgegenständen seinen Ursprung, bei denen es auf das Aussehen ankommt. Und in der Tat kann man einen versilberten Tisch nicht *prima facie* von einem massiv silbernen unterscheiden. Und auch in der Funktion spielt dies keine Rolle. Anders beim Holz für Masten von Segelschiffen: Hier macht es für die Stabilität einen großen Unterschied, aus welchem Holz der Mast besteht.

[151] D. 14, 1, 1, 24, hierzu RINCKENS, BRZ 2023, 125, li.

[152] D. 18, 1, 41, 1: Du hast mir einen Tisch, der lediglich versilbert war, was wir beide nicht wussten, als massiv silbern verkauft. Der Kauf ist nichtig, und das deswegen gezahlte Geld kann kondiziert werden (Übers. nach HONSELL, § 12 III 2, S. 42). Kondiktion bedeutet Rückabwicklung des Vertrags.

[153] Https://de.wikipedia.org/wiki/Otranto#Geschichte; https://pleiades.stoa.org/places/442615 (02.01.2024).

Problemstellung: Kommt es darauf an, ob der Frachtvertrag mit dem *magister navis* geschlossen wird, oder kann jeder beliebige **Matrose** für den *exercitor* handeln? Schließlich haftet der *exercitor* auch für Diebstähle seiner Matrosen[154]. Aber ist das nicht etwas anderes, oder kann man davon auch auf die vertragliche Haftung schließen? Die

[124] *Lösung* ergibt sich aus D. 14, 1, 1, 2: Ist aber, wie hier, *mit irgendeinem aus dem Schiffsvolke* kontrahiert worden, so wird **keine** **Klage** gegen den Reeder gestattet, obwohl aus der unerlaubten Handlung eines jeden von denen, die um der Schifffahrt willen auf dem Schiffe sind, eine Klage gegen den Reeder bewilligt wird. Denn zwischen der Haftung aus Vertrag und aus Delikt besteht ein substanzieller Unterschied. Wer nämlich einen *magister navis* anstellt, der gestattet, dass mit ihm kontrahiert werde. Wer Schiffsmannschaft einsetzt, der gestattet nicht, mit ihnen zu kontrahieren, muss aber dafür sorgen, dass selbige nicht böswillig oder nachlässig handeln.

Ergebnis: Musencus kann *Darmverschlus* nicht wegen des Verlustes der beiden hübschen Sklavinnen infolge abredewidriger Verladung derselben *qua actione exercitoria* in Anspruch nehmen. Er muss sich an *Nautilus* halten.

b) Quirite als *magister navis*

[125] *Abw. 1: Magister navis* ist *Utessessus Nautilus.*

Problemstellung: Nautilus ist Quirite, kein Sklave. Es widersprach aber dem Denken der Römer, Quiriten zu instrumentalisieren, so dass nicht nur direkte Stellvertretung, sondern auch die dieser i.W. gleichkommende *actio exercitoria* ausgeschlossen scheint. Doch

[125] *D. 14, 1, 1, 4* entscheidet *anders:* Von welchem Stande ein Schiffer sei, **ob frei, ob Sklave**, darauf kommt nichts

---

[154] D. 4, 9.

an[155]. D.h., wir haben hier einen der seltenen Fälle, in denen ein Quirite die Haftung eines anderen herbeiführen kann. Sieht man auf die Parallele o. Rdnr. 98, dass auch ein Sklave einen Quiriten „verpflichten" kann, so erkennt man an diesen beiden Ausnahmetatbeständen, wie bedeutsam der Seehandel für Rom war, dass man es erlaubte, von ehernen Grundsätzen abzuweichen, da andernfalls die Versorgung der Stadt - und mit Abstrichen auch der Provinzen - gefährdet gewesen wäre.

Ergebnis: Musencus kann *Darmverschlus qua actione exercitoria* aus dem Handeln des *Nautilus,* obwohl dieser Quirite ist, auf 7.000 HS in Anspruch nehmen.

[126] Wenig überraschend ist, dass der *exercitor* nicht nur verpflichtet wird, wenn ein von ihm personenverschiedener *magister navis* kontrahiert, sondern auch wenn er selbst handelt[156].

c) Mehrere magistri navis

[127] *Problem: Gaius Aeppeltschus* setzt auf der „CLEO-PATRA" Stichus und Pamphilus als *magistri navis* ein und schickt das Schiff nach Burdigala[157], um von dort den köstlichen *vinum Burdigalense*[158] nach Alexandria zu exportieren. Stichus hat die Kompetenz, Frachtverträge zu schließen und die Frachtraten zu kassieren, Pamphilus ist für den Rest zuständig. Beim Auslaufen läuft die „CLEOPATRA" in der Girundia[159] auf Grund und muss freigeschleppt werden. Stichus schließt die *locatio conductio operis* mit *Lucius Remulcarrero.* Kann dieser *Aeppeltschus* mit der *actio exercitoria* in Anspruch nehmen?

---

[155] Gai. 4, 71, S. 4.

[156] D. 14, 1, 1, 23.

[157] Https://la.wikipedia.org/wiki/Burdigala (26.01.2024).

[158] Https://la.wikipedia.org/wiki/Vinum_Burdigalense (abgerufen 26.01. 2024).

[159] Https://la.wikipedia.org/wiki/Girundia (26.01.2024).

[128] *Abw. 1:* Beide sind für alle anfallenden Geschäfte auf dem Schiff zuständig, eine Aufteilung nach Geschäftsbereichen ist nicht erfolgt.

[129] *Abw. 2:* In Abw. 1 ist vorgeschrieben, dass beide gemeinsam handeln müssen.

[130] *Problemstellung Ausgangsfall:* Es wurde ein Vertrag geschlossen, der sicher von der *praepositio*[160] gedeckt ist, auch wenn er dort nicht erwähnt ist, da andernfalls die Reise nicht weitergehen kann. Aber konnte der Vertrag von Stichus wirksam geschlossen werden? Schließlich ist er nur für Frachtverträge zuständig, hier aber liegt ein Werkvertrag vor. Dessen Nutzen allerdings unbestritten ist. Welche Auswirkungen hat dies?

[131] *Problemstellung Abwandlung 1:* Da hier eine Aufteilung nach Sachgebieten nicht erfolgt ist, müsste der Vertrag problemlos wirksam und die *actio exercitoria* gegen *Aeppeltschus* gegeben sein. Kann man hieraus auf die Ausgangskonstellation schließen?

[132] *Problemstellung Abwandlung 2:* Geht die personelle Einschränkung so weit wie die sachliche im Ausgangsfall? Die

[132] *Lösung des Ausgangsfalls* ergibt sich aus D. 14, 1, 1, 13: Wenn **mehrere *magistri navis* geteilte** Geschäfte haben, zum Beispiel der eine das Verdingen, der andere das Einkassieren, so wird er *nur so weit* durch sie verpflichtet werden, als *eines jeden Geschäfte* gehen (Ressortprinzip). *Remulcarrero* hat also gegen *Aeppeltschus nicht* die *actio exercitoria*, weil die *magistri navis* geteilte Geschäfte hatten und er deshalb nur insoweit verpflichtet wird, als der Geschäftsbereich des Handelnden reicht. Hier hatte Stichus gehandelt, dessen Kompetenz sich darauf beschränkte, Frachtverträge zu schließen und die Frachtraten zu kassieren. Hier aber geht es um einen Werkvertrag. Damit hat er seine Kompetenz überschrit-

---

[160] Zu dieser s.u., Rdnr. 162 ff. S.a. Gai. 4, 71 u.u. Rdnr. 171.

ten und konnte *Aeppeltschus* nicht wirksam iRd *actio exerci-*
toria verpflichten. Auch die

[133] *Lösung der Abw. 1* ergibt sich aus D. 14, 1, 1, 13:
Wenn mehrere *magistri navis* aber **mit ungeteilten Geschäf-**
ten angestellt sind, so verpflichtet den Reeder *alles*, was mit
einem derselben gehandelt wird. Da hier ungeteilte Geschäfte
bestanden, war Stichus zuständig, so dass er die *actio exerci-*
toria gegen *Aeppeltschus* begründen konnte. Die

[134] *Lösung der Abw. 2* ergibt sich aus D. 14, 1, 1, 14: Auch
wird, wenn der Reeder die *magistri navis* so angestellt hat,
wie es meistens geschieht, dass **keiner ohne den anderen**
etwas tun solle (Vier-Augen-Prinzip), derjenige, der *nur mit*
einem kontrahiert, die *actio exercitoria* gegen den Reeder
nicht begründen können. Da hier nur beide zusammen handeln konnten, Stichus aber alleine gehandelt hat, konnte er
Aeppeltschus nicht wirksam verpflichten.

[135] *Ergebnis Ausgangsfall:* Die *actio exercitoria* des *Re-*
mulcarrero wird abgewiesen. Er ist auf die *actio de in rem*
verso angewiesen, wobei er die im Zeitpunkt der letzten
mündlichen Verhandlung noch vorhandene Bereicherung
beweisen muss.

Ergebnis Abw. 1: Hier wird *Remulcarrero Aeppeltschus* erfolgreich mit der *actio exercitoria* in Anspruch nehmen können.

Ergebnis Abw. 2: Wie Ausgangsfall.

d) Fragen der Gesamtschuldnerschaft

aa) Zwischen *exercitor* und *magister navis*

[136] *Problem:* In dem Fall v.o. Rdnr. 98 überlegt *Musencus*,
ob er auch *Nautilus* in Anspruch nehmen kann. Nach

[137] *D. 14, 1, 1, 17* hat man die **Wahl**, ob man entweder
den **Reeder oder** den **magister navis** belangen will. Denn die
actio exercitoria ist, wie die *actio de peculio*, eine **adjektizi-**

sche Klage, durch die die Klage gegen den *magister navis* nicht übertragen, sondern dieser eine *hinzugefügt* wird[161].

[138] Allerdings: wenn einer von beiden schon belangt worden ist, kann der *andere nicht mehr* verklagt werden[162]. Eine **Gesamtschuldnerschaft** ist **ausgeschlossen** und wohl meist auch wirtschaftlich wenig sinnvoll. Denn zum einen dürfte es schwer sein, des *magister navis* habhaft zu werden, der vielleicht schon bald auf einem anderen Schiff anheuert, zum anderen dürfte er über wenig Liquidität verfügen, weshalb man ja gerade die *actio exercitoria* geschaffen hat, deren Grundlage das Vertrauen in die Solvenz des *exercitor* ist. Geleistete Zahlungen des jeweils anderen werden angerechnet[163]. Hat also *Darmverschlus* bereits 1.500 HS gezahlt, kann *Musencus* zwar *Nautilus* in Anspruch nehmen, jedoch nur noch iHv 5.500 HS.

bb) Societas

[139] *Abw. 1: Marcus Darmverschlus* betreibt die „AMOR ET VENUS" zusammen mit *Gaius Aeppeltschus* und *Bavaricus Giftimschampus*. *Musencus* kennt nur *Darmverschlus*, der einen Anteil an der *societas* von 40% hat, *Aeppeltschus* 35% und *Giftimschampus* 25%. Wen kann er in welcher Höhe in Anspruch nehmen? Kommt es darauf an, ob sie sich auf *Nautilus* als *magister navis* geeinigt haben?

Problemstellung: Es liegt nahe, dass jeder der *socii* iH seines Anteils haftet. Allerdings, *Musencus* hat ein Problem: Weder kennt er die anderen noch deren Anteile. Bedenkt man, dass aufgrund der hohen Bedeutung der Seeschifffahrt für das *Imperium Romanum* etliche Vorschriften iRd *actio exercitoria* ein hohes Maß an Verkehrsschutz bieten, liegt es nahe, dass dies nicht sein kann. Kommt hier vielleicht eine Gesamtschuld

---

[161] D. 14, 1, 5, 1. Allg. zu den adjektizischen Klagen o. Rdnr. 97.

[162] D. 14, 1, 1, 24.

[163] D. 14, 1, 1, 24.

in Betracht? Aber diese muss i.a. *vereinbart* werden[164], was hier nicht der Fall ist. Die

[140] *Lösung* ist nicht eindeutig.

a) Gem. D. 14, 1, 1, 25 kann iF einer **societas**[165], einer Gesellschaft, bei der mehrere Personen ein Schiff als Reeder betreiben, gegen **jeden** Reeder **aufs Ganze** *(in solidum)* geklagt werden. *Weitere* Voraussetzungen sind dort *nicht* genannt.

Damit soll vermieden werden, dass jemand, der im Vertrauen der Haftung nur eines von ihnen mit dem *magister navis* abgeschlossen hat, seine Ansprüche gegenüber mehreren geltend machen muss[166]. Die er vielleicht nicht kennt, v.a. aber deren Anteile an der *societas* er nicht kennt. Dabei tut es **nichts** zur Sache, welchen **Anteil** jeder am Schiff hat. Derjenige, der bezahlt hat, kann mittels der Gesellschaftsklage bei den anderen **Regress** nehmen[167]. Dies entspricht i.E. einer Gesamtschuldnerschaft.

[141] *b)* Gem. D. 14, 1, 4, 2; eod. 6, 1 muss der Sklave **mit Willen** der in Anspruch genommenen Reeder als *magister navis* eingesetzt sein. Hier muss man sagen, dass diese Lösung weniger verkehrsfreundlich ist, denn der Befrachter muss nicht nur, wie nach D. 14, 1, 1, 25, die anderen Reeder ausfindig machen, er muss auch ihre Zustimmung beweisen. Wobei hier allerdings mit dem *prima-facie*-Beweis dürfte geholfen werden können.

[142] *Ergebnis:*

a) Je nach dem, welcher Meinung man folgt, kann *Musencus* die 7.000 HS für die abgegangenen Sklavinnen von *jedem* der drei *exercitores* - nicht nur von *Darmverschlus* - in voller Höhe, *insgesamt* aber *nur einmal* fordern. Oder aber er muss

---

[164] Nov. 99 I pr.; HONSELL, § 38 III, S. 113.

[165] Zu dieser D. 17, 2; Inst. 3, 25; C. 4, 37.

[166] D. 14, 1, 1, 2.

[167] D. 14, 1, 1, 3.

die Zustimmung von *Gaius Aeppeltschus* und *Bavaricus Giftimschampus* beweisen, wenn er diese ebenfalls in Anspruch nehmen will.

b) Auf jeden Fall aber haftet ihm *Darmverschlus* in voller Höhe.

[143] *Regress:* Befriedigt bspw. *Aeppeltschus* den *Musencus,* so kann er von *Darmverschlus* (7.000 * 40 / 100 =) 2.800 HS und von *Giftimschampus* (7.000 * 25 / 100 =) 1.750 HS fordern. Die restlichen 2.450 HS trägt er selbst.

[144] Allerdings gibt es auch eine **Ausnahme:** Wenn nämlich *mehrere* Reeder das Schiff *selbst,* i.e. gemeinsam, führen, so sind sie nach ihren *Anteilen* zu belangen. Denn es ist nicht einer als des anderen *magister navis* anzusehen[168]. Und eine *Rückausnahme:* Bestellen aber mehrere Reeder *einen von ihnen* zum *magister navis,* so werden sie von wegen desselben *aufs Ganze* zu belangen sein[169].

e) Bestellung eines Unter-*magister*

[145] *Abw. 2: Nautilus* wünscht in Alexandria zu bleiben und bestellt deshalb *Brutus Cliccoschampus* zum *magister navis.* Kann *Musencus* dennoch *Darmverschlus* über die *actio exercitoria* in Anspruch nehmen? Kommt es darauf an, ob *Darmverschlus* von der Bestellung des *Cliccoschampus* Kenntnis hatte?

Problemstellung: In D. 14, 1, 1 pr. wird es als billig angesehen, dass derjenige, der den *magister navis* angestellt hat, in Anspruch genommen werden kann. *Darmverschlus* aber hat *Cliccoschampus* nicht angestellt, sondern *Nautilus.* Welche Auswirkungen hat eine derartige „Unterbevollmächtigung"? Die

---

[168] D. 14, 1, 4 pr. Dazu, dass es nicht der *actio exercitoria* bedarf, um die Haftung eines Reeders zu begründen, der die Funktion eines *magister navis* wahrnimmt s. D. 14, 1, 1, 23.

[169] D. 14, 1, 4, 1.

[146] *Lösung* ergibt sich aus D. 14, 1, 1, 5, 1. Hälfte: Unter dem *magister navis* versteht man nicht bloß einen vom Reeder, sondern auch einen vom *magister navis* seinerseits für diese Funktion Angestellten. Dies gilt *auch* dann, wenn der Reeder *keine* Kenntnis davon hatte. Wenn er übrigens es weiß und zulässt, dass derselbe auf dem Schiffe den Schifferposten versehe, so ist er anzusehen, als ob er ihn selbst angestellt hätte. Denn für alle Handlungen eines *magister navis* muss derjenige haften, der ihn angestellt hat, also auch für die Bestellung eines Unter-*magister*. Dies geschieht aus Gründen des Verkehrsschutzes, da sonst die mit ihm Kontrahierenden getäuscht würden. Die **Bestellung** des *Cliccoschampus* als **Unter-*magister*** ist also **wirksam**.

Ergebnis: Musencus kann *Darmverschlus qua actione exercitoria* aus dem Handeln des *Cliccoschampus* auf 7.000 HS in Anspruch nehmen. Obwohl nicht *Darmverschlus* selbst, sondern der von ihm eingesetzte *Nautilus* den *Cliccoschampus* zum *magister navis* bestellt hat.

[147] *Abw. 5: Darmverschlus* hat *Nautilus* jegliche Bestellung eines Unter-*magister* ausdrücklich *untersagt*, „insbesondere will ich den *Cliccoschampus* nicht auf der ‚AMOR ET VENUS‘ sehen".

Problemstellung: Hier liegt ein ausdrückliches, sogar noch personalisiertes Verbot vor, über das *Nautilus* sich hinweggesetzt hat. Dies müsste doch eine Sperre gegenüber der Bestellung des *Cliccoschampus* nach sich ziehen, die auch dessen Geschäfte unwirksam macht. Andererseits, die Kaufleute im Hafen von Alexandria können dies ja nicht wissen. Die

[148] *Lösung* ergibt sich aus D. 14, 1, 1, 5, 2. Hälfte: Wie aber, wenn der *exercitor* den *magister navis* mit der Maßgabe angestellt hat, dass er keinen anderen bestellen dürfe? Sogar etwa namentlich verboten hat, sich nicht des Titius als *magister navis* zu bedienen. Aber auch dann wird man sagen müssen, dass der *Verkehrsschutz* zu Gunsten der am Seehandel Beteiligten *so weit auszudehnen* sei.

[149] D.h., aus der Perspektive des Dritten gilt derjenige als Repräsentant des *exercitor*, dem die kommerzielle Führung des Schiffs anvertraut ist. Die Art des Anstellungsverhältnisses, also ob er unmittelbar vom *exercitor* als *magister navis* oder von diesem als Unter-*magister* eingesetzt worden ist, ist für ihn nicht einsehbar und daher bedeutungslos. Er darf darauf vertrauen, dass das Handeln des eingesetzten *magister navis* den *exercitor* verpflichtet. Auf einen dahingehenden *Willen* des *exercitor* kommt es *nicht* an. Es handelt sich um eine reine **Rechtsscheinshaftung.** Zu Recht weist RINCKENS darauf hin, dass selbst ein Ausschluss in der *praepositio*[170] dem Handelsverkehr kaum geholfen hätte, angesichts des Umstandes, dass eine zeitnahe Identitätsprüfung mangels moderner Hilfsmittel wie Personaldokument, Onlineprüfung etc. kaum möglich war. So dass es dabei bleibt, dass der ***exercitor*** das **Risiko** tragen muss, das sich daraus ergibt, dass sein *magister navis* von seinen Weisungen abweicht[171].

[150] *Ergebnis: Musencus* kann *Darmverschlus qua actione exercitoria* aus dem Handeln des *Cliccoschampus* auf 7.000 HS in Anspruch nehmen. Obwohl *Nautilus* den *Cliccoschampus* entgegen dem ausdrücklichen Verbot des *Darmverschlus* zum *magister navis* bestellt hat. Denn dies war für *Musencus* nicht erkennbar.

Zusammenfassend: Dem **Verkehrsschutz** wird im römischen Seehandelsrecht **überragende Bedeutung** beigemessen. So dass er selbst eine ausdrückliche Weisung des Reeders überspielt.

---

[170] Zu dieser u. Rdnr. 162.
[171] BRZ 2023, 127, re.

f) Der gewaltunterworfene *exercitor*

[151] *Problem: Marcus Mercator* betreibt eine Flotte auf dem Mittelmeer. Da er sich um die Vielzahl der Schiffe nicht selbst kümmern kann, setzt er Arethusa als *exercitorix* ein.

Arethusa setzt ihrerseits Caturix als *magister navis* der „ARSINOË"[172] in Alexandria ein, einen gallischen Sklaven, der *Mercator* von *Caesar* für seine Teilnahme an der Schlacht bei Alesia[173] geschenkt worden war. Dieser verchartert das Schiff an *Gaius Aeppeltschus* für 10 *aurei*, der damit über den Kanal von Alexandria[174], den Nil und den Bubastiskanal[175] nach Suesia[176] gelangen will, um von dort mit einem hochsee-tüchtigen Schiff über das Rote Meer nach Indien zu segeln, von wo er allerley köstliche Spezereien importieren will[177]. Bei Bubastis läuft der Kahn auf Grund, und Caturix lässt ihn iW einer *locatio conductio*[178] durch *Socrates Traxis* für 5 *aurei* freischleppen.

[152] *Problemstellung:* Als er sein Geld von *Mercator* will, winkt der ab:

a) Er sei nicht *exercitor,* dies sei Arethusa, an die er sich ge-fälligst zu halten habe. Als Sklavin könne sie ihn außerdem höchstens bis zum Wert ihres *peculium* verpflichten, ein sol-ches habe sie jedoch nicht. Dass sie Sklavin und eine Frau sei, ändere daran nichts.

---

[172] Https://de.wikipedia.org/wiki/Arsino%C3%AB_IV (26.01. 2024).

[173] Https://de.wikipedia.org/wiki/Schlacht_um_Alesia (14.01.24).

[174] Https://de.wikipedia.org/wiki/Alexandria#Geografie (14.01.24).

[175] Https://de.wikipedia.org/wiki/Bubastis-Kanal (14.01.2024).

[176] Https://la.wikipedia.org/wiki/Suesia (14.01.2024).

[177] Https://de.wikipedia.org/wiki/R%C3%B6misch-indische_ Be-ziehungen (14.01.2024).

[178] Hier Werkvertrag. Doch ist *locatio conductio* ein - für uns un-gewöhnlicher - Universalbegriff für Werk-, Dienst- und Mietvertrag.

b) V.a. aber sei der Unfall im Kanal passiert, und die *actio exercitoria* sei nur auf Rechtsgeschäfte anwendbar, die iZm *See*reisen vorgenommen werden.

[153] Besieht man sich diese Argumentation, muss man sagen, dass sie Substanz hat. *Exercitor* ist in der Tat Arethusa, so dass nach D. 14, 1, 1, 7 sie haftet. Da sie Sklavin ist, liegt die Argumentation über das *peculium* nahe. Und schließlich sind die Regelungen über die Schifffahrt infolge deren großer Bedeutung für den Handel erfolgt[179], der aber i.W. *See*handel war. Bei der *lex Rhodia de iactu* ist dies offensichtlich. Gilt dies nicht auch hier? Andererseits heißt es in der *laudatio edicti* lediglich „*propter* navigandi *necessitatem*", also aus Bedürfnis der Schifffahrt, u.zw. ohne Einschränkung auf Seeschifffahrt.

[154] *Lösung zu b):* Sie ergibt sich aus D. 14, 1, 1, 6: Unter **Schiff** ist sowohl ein Seeschiff als ein **Flussschiff** zu verstehen oder was auf einem See fährt oder auch ein Floss. Die *actio exercitoria* ist also *nicht* deswegen ausgeschlossen, weil die *locatio conductio* beim Betrieb eines Flussschiffs geschlossen wurde.

[155] *Lösung zu a):*

aa) Haftung dem Grunde nach: Zunächst hat *Mercator* recht. Denn Reeder ist nicht er, sondern Arethusa. Und nach D. 14, 1, 1, 6 „kommt wenig darauf an, ob der Reeder eine Mannsperson ist oder ein **Frauenzimmer**, ein Hausvater, ein Haussohn oder ein **Sklave**[180]."

Damit ist aber noch nichts über die **Haftung** ausgesagt, und so scheint der allgemeine Grundsatz zu gelten, dass Sklavinnen nicht verklagt werden, sondern lediglich Naturalobligationen begründen können. Dann aber könnten Eigentümer von Schiffen Sklaven als Reeder vorschieben, deren Inanspruchnahme jedoch faktisch nicht möglich ist, während der Eigen-

---

[179] D. 14, 1, 1, 20.
[180] Ebenso D. 14, 1, 1, 21.

tümer die Fracht kassiert[181]. Deshalb heißt es in D. 14, 1, 1, 19: Wenn der Reeder in der **Gewalt eines anderen** steht und **mit dessen Willen**[182] die Reederei betreibt, so wird wegen dessen, was mit seinem *magister navis* gehandelt worden ist, *gegen den, in dessen Gewalt der Reeder steht,* die Klage gestattet[183]. Da Arethusa mit Willen des *Mercator,* in dessen Gewalt sie steht, die Reederei betreibt, haftet dieser.

[156] *bb)* Aber in welcher **Höhe?** Dass Arethusa kein *peculium* hat, bedeutet zunächst zweierlei: Zum einen, dass die *actio de peculio* nicht stattfindet, zum andern, dass sie ihren *dominus* i.A. nicht verpflichten kann. Denn Sklavinnen können ihre Herren nur bis zur Höhe des Werts ihres *peculium* verpflichten. Haben sie keines, entsteht auch keine Haftung des *dominus.* So dass *Traxis* an sich leer ausginge.

Nach D. 14, 1, 1, 20 können aber diejenigen, die die Gewalt über den Reeder oder die Reederin[184] haben, *ihrer Einwilligung halber* deswegen aufs **Ganze** belangt werden, weil die *Reederei mit den wichtigsten Angelegenheiten des Staats in Beziehung* steht. Sinn dieser **Durchgriffshaftung**[185] ist, dass man auf diese Weise **Missbräuchen begegnen** will[186].

[157] *Ergebnis: Mercator* kann von *Traxis* mit der *actio exercitoria* auf 5 *aurei* als *merx* (Werklohn) für die *locatio conductio* in Anspruch genommen werden.

[158] *Abw.: Arethusa* ist *nicht* von *Mercator* eingesetzt. Sie hat eine Weberei als *peculium,* deren Wert sich auf 300 HS beläuft. Da sie damit nicht ausgelastet ist, betreibt sie neben-

---

[181] Rinckens, BRZ 2023, 132, li., Text bei FN 122.

[182] Hierzu noch einmal ausdrücklich D. 14, 1, 1, 20.

[183] Ähnl. D. 14, 1, 1, 22.

[184] D. 50, 16, 1: „*Verbum hoc ‚si quis' tam masculos quam feminas complectitur.*" Dieses Fragment enthält die Regelung des **generischen Maskulinums**.

[185] Ausdruck von Rinckens, BRZ 2023, 132, li., Text bei FN 121.

[186] Rinckens, BRZ 2023, 132, li., Text bei FN 122.

her noch eine kleine Reederei, was *Mercator* stillschweigend hinnimmt. Rest w.o.

Problemstellung: Während o. Arethusa mit Willen ihres *dominus* handelte, betreibt sie die Reederei nun *ohne* dessen Willen, aber mit seinem *Wissen*. Ändert das etwas? Bedenkt man, dass es bei einem quiritischen *exercitor* darauf ankam, dass er den *magister navis* einsetzte und dieser iRd *praepositio*[187] handelte, die seinen Willen dokumentierte[188], kann man daran zweifeln, dass bloßes Wissen für eine Inanspruchnahme genügt. Andererseits steht das Wissen dem Dulden jedenfalls dann gleich, wenn eine Möglichkeit zum Einschreiten besteht, was bei einem Verhältnis zwischen Herr und Sklavin allgemein angenommen werden kann. Damit steht das Dulden dem Wollen gleich. Oder? Die

[159] *Lösung* ergibt sich aus D. 14, 1, 1, 20: Wenn aber **bloß** mit **Wissen**, *nicht auch mit Willen des dominus* mit dem *magister navis* kontrahiert worden ist, soll man da, als ob er es gewollt hätte, aufs Ganze oder nur nach Art der *actio tributoria* eine Klage geben? In solchem Zweifel ist es besser, sich streng an die Worte des Edikts zu halten, und weder bei Schiffen dem Vater oder Herrn das bloße nackte Wissen zur Last zu legen noch bei Sondergutswaren *(peculium)* selbst dem Willen die Wirkung der Verbindlichkeit zum Ganzen beizulegen. Wenn einer also, der in der Gewalt eines anderen steht, mit dessen Willen handelt, so wird dieser aufs Ganze verbindlich, wo nicht, ist **nur** die *actio de peculio* gegeben.

---

[187] Dazu u., Rdnr. 162.

[188] RINCKENS, BRZ 2023, 125, hierzu auch Gai. IV, 71, der die *praepositio* allerdings nicht erwähnt, aber explizit auf den Willen abhebt: „Man nimmt nämlich an, dass eine solche Angelegenheit [gemeint ist ein Geschäft mit Bezug auf das Schiff, dessen Führung dem *magister navis* übertragen wurde] aufgrund des Willens des Vaters oder Herrn ausgeführt worden ist."

[160] Da Arethusa *nicht mit Willen*, sondern lediglich mit *Wissen* des *Mercator* gehandelt hat, kann er nur iHd Werts ihres *peculium* in Anspruch genommen werden. Dieser beträgt 300 HS, entspr. 3 *aurei*[189], so dass *Traxis* mit 2 *aurei* ausfällt.

[161] Besteht eine **societas** an einem Sklaven, der als *exercitor* tätig ist, so haften **alle Eigentümer** auf das **Ganze**, wenn er *mit ihrem Willen* Reeder ist[190]. Falls er es nur nach dem Willen *eines einzigen* von ihnen ist, so wird nur *dieser* auf das *Ganze* verbindlich sein[191].

5.) Sachliche Reichweite

a) Vorab: Die *praepositio*.

[162] Die sachliche Reichweite hängt von der *praepositio* ab. Diese ist ihre Grundlage und damit auch Grenze. Hierzu D. 14, 1, 1, 7, gewissermaßen das Herzstück der *actio exercitoria*[192]: Der Prätor gibt jedoch *nicht* aus *jedem* Grunde eine Klage gegen den Reeder, sondern *nur* in einer solchen **Angelegenheit**, zu der der *magister navis* **ermächtigt** worden ist, z.B. wenn das Schiff zum Warentransport verchartert worden ist, oder wenn er für die Schifffahrt notwendige Gegenstände gekauft hat oder zur Instandsetzung des Schiffs einen Vertrag geschlossen oder Verwendungen auf das Schiff gemacht hat sowie wenn er die Mannschaft bezahlt, wenn sie die Heuer

---

[189] KLOFT, aaO (FN 3), S. 81.

[190] D. 14, 1, 4, 2, wo eine Parallele zu dem Fall von D. 14, 1, 1, 25, dass mehrere Personen Reeder sind, gezogen wird.

[191] Hier wird wieder der Wille, die *voluntas*, betont wie schon bei Gai. 4, 71. Hierzu RINCKENS, BRZ 2023, 125.

[192] Übers. in Anlehnung an BEHRENDS/KNÜTEL/KUPISCH/SEILER (zit. na. RINCKENS, BRZ 2023, 124, re., Text bei FN 64). Sämtl. Hervorh. v. mir.

verlangt[193]. Diese Beschreibung der sachlichen Reichweite, die auch von den genannten Beispielen abweichen kann, nennt man *praepositio*. Sie ist Grund und Grenze der Ermächtigungsbefugnis des *magister navis* iRd *actio exercitoria*. Sie bildet gewissermaßen das Bindeglied zwischen dem Geschäft des *magister navis*, dem *negotium gestum*, und der Haftung des *exercitor*[194].

b) Geschäfte im Rahmen der *praepositio*

[163] *Problem: Gaius Aeppeltschus* rüstet das Schiff „MES-SALINA"[195] aus und schickt es mit dem Quiriten *Cannabus Nautilus* als *magister navis* nach Alexandria, um dort mehrere Tonnen Weizen zu erstehen. Er gibt ihm die *praepositio*, dass er die Heuer auszahlen und den Weizen bezahlen darf, und weist ausdrücklich darauf hin, dass erforderliche Reparaturen selbst erledigt werden müssen. Vor Creta gerät *Nautilus* in schwere See, und ein Tau der Takelage reißt, so dass er nicht mehr weiterfahren kann. Er läuft einen Hafen an und lässt den Schaden iR einer *locatio conductio* bei *Lucius Musculus* beheben, weil dieser die erforderliche Sachkunde hat, so dass die Reparatur schneller ausgeführt werden kann, als dies bei Eigenleistung der Fall gewesen wäre. Die *merces* iHv 270 HS entrichtet er nicht, weil er sonst das Getreide[196] in Alexandria und die Heuer für die Matrosen nicht bezahlen kann. Hat *Musculus* die *actio exercitoria* gegen *Aeppeltschus*?

---

[193] Weitere Beispiele in D. 14, 1, 1, 12.

[194] RINCKENS, BRZ 2023, 125, li.

[195] Https://de.wikipedia.org/wiki/Valeria_Messalina (26.01.2024).

[196] Dass die *praepositio* nicht unmittelbar auf das Schiff bezogen sein muss, sondern auch das Handelsgeschäft im Zielhafen umfassen kann, ergibt sich aus D. 14, 1, 1, 3, mE übersehen von RINCKENS, BRZ 2023, 125, Text bei FN 69.

[164] *Problemstellung: Musculus* hat die *actio exercitoria* gegen *Aeppeltschus*, wenn dieser Reeder ist und *Nautilus* ihn wirksam verpflichtet hat. Dass *Nautilus* Quirite ist, schadet nicht, wie bereits dargestellt[197]. Fraglich ist aber

a), ob *Aeppeltschus* als Reeder angesehen werden kann, da nichts über die Eigentumsverhältnisse am Schiff ausgesagt ist. Vielmehr deutet der Begriff ausrüsten eher darauf hin, dass er nicht Eigentümer ist. Aber selbst bei Bejahung der Reedereigenschaft stellt sich noch

b) die Frage nach der sachlichen Reichweite der *actio exercitoria*, die ja ihrerseits von der Reichweite der *praepositio* abhängt. Oder ist diese in D. 14, 1, 1, 7 u. 12 vertypt wie im heutigen Recht die Prokura nach §§ 49; 50 Abs. 1 HGB? Wie ist *Musculus* geschützt, wenn dies nicht der Fall ist?

[165] *Lösung ad a):* Hierzu sagt D. 14, 1, 1, 15: **Reeder** heißt der, dem alle **Nutzungen und Einkünfte** gehören, er mag nun Eigentümer des Schiffes sein oder es von dem Eigentümer im Ganzen gepachtet haben, es sei auf Zeit oder auf immer. Wer ein Schiff ausrüstet, wird es auch gepachtet haben, da sich andernfalls der Aufwand nicht rentiert, so dass er als Reeder angesehen werden kann. Dasselbe gilt für den Charterer[198].

[166] *Ad b):* D. 14, 1, 1, 7 enthält *keine* vertypte Vollmacht, wie bereits aus dem Wortlaut - oder (lat. *vel*) - hervorgeht. *Entscheidend* ist vielmehr, *in welchen Angelegenheiten* die Verpflichtungsbefugnis erteilt ist. Dies wird noch einmal in D. 14, 1, 1, 12 klargestellt: Die **Art der Anstellung** also dient den Kontrahenten als **bestimmende Norm**[199]. Wenn daher der Reeder den *magister navis* bspw. nur dazu beim Schiffe angestellt hat, um den Frachtlohn zu erheben, nicht um es zu verchartern, vielleicht weil er es selbst verchartert hatte, so wird er nicht verpflichtet werden, wenn derselbe es verchartert.

---

[197] Rdnr. 125.

[198] RINCKENS, BRZ 2023, 120, Text bei FN 20.

[199] RINCKENS, BRZ 2023, 126, Text bei FN 74.

Daraus folgt: Wenn der *magister navis* die ihm in der *praepositio* gezogenen Grenzen *überschreitet*, wird der Reeder *nicht* verpflichtet.

[167] *Aeppeltschus* hat hier die sachliche Reichweite der Vollmacht iFv Reparaturen eingeschränkt, wonach diese in Eigenarbeit geleistet werden müssen und keine *locatio conductio operis* (Werkvertrag) abgeschlossen werden darf. Es handelt sich *in casu* also um eine Angelegenheit, zu der *Nautilus nicht* iSv D. 14, 1, 1, 7 u. 12 ermächtigt ist.

Damit scheint die *actio exercitoria* zu entfallen, wie D. 14, 1, 1, 12 ausdrücklich anordnet. Dies aber hieße, dass *Musculus* das **Risiko der fehlenden *praepositio*** trägt. Ist das gerecht, „*aequus*"[200], wie es in der *laudatio edicti* in D. 14, 1, 1 pr. heißt, entspricht das der *bona fides*?

In der Tat wird dieses Risiko **dem Kontrahenten zugewiesen**. Denn er hat es in der Hand, sich darüber zu informieren. Für diese Sicht spricht auch, dass es sich bei der *actio exercitoria* um eine Unterart der *actio quod iussu* handelt, und die setzt voraus, dass derjenige, der den Vertrag geschlossen hat, auf Weisung dessen, der in die Haftung genommen werden soll, gehandelt hat[201]. Dies musste *Musculus* bekannt sein. Umso mehr gilt dies, als die *praepositio* i.A. in einer Urkunde niedergelegt war, deren Vorlegung er fordern musste, wollte er nicht das Risiko fehlender *praepositio* laufen[202].

[168] *Ergebnis:* Da *Musculus* sich nicht über den Umfang der „Vollmacht" informiert hat, kann er *Aeppeltschus nicht* in Anspruch nehmen. Denn hätte er dies getan, hätte er den Vertrag gar nicht geschlossen, *Aeppeltschus* also nicht verpflichtet. Dann kann aber nichts anderes gelten, wenn er sich

---

[200] Zum Prinzip der *aequitas* iRd *actio exercitoria* RINCKENS, BRZ 2023, 123 sub V.

[201] Gai. 4, 70; D. 15, 4, 1 pr.ff; Inst. 4, 7, 1.

[202] RINCKENS, BRZ 2023, 126, li., Text bei und in 79. Hierzu bereits o. Rdnr. 111.

nicht über die Reichweite der „Vollmacht" informiert hat, bevor er den Vertrag schloss.

[169] ME kann *Aeppeltschus* auch nicht mit der *actio de in rem verso*[203] in Anspruch genommen werden, da es sich um eine aufgedrängte Bereicherung handelt.

Allerdings scheint dies der *ratio legis* der *actio exercitoria* zu widersprechen, ist diese doch gerade deshalb gegeben, weil „man oft aus Bedürfnis der Schifffahrt mit Schiffern Verträge schließt, ohne zu wissen, in welchen Verhältnissen und wer sie seien", weshalb es „billig war, dass derjenige, der den Schiffer angestellt hat, haftet"[204]. Entscheidend ist also der *Verkehrsschutz*[205]. Dies spricht eher für eine vertypte Vollmacht. Aber die *actio exercitoria* wurde, wie sich bei genauer Lektüre der *laudatio edicti* ergibt, lediglich deshalb geschaffen, um dem Kontrahenten des *magister navis* ein weiteres Haftungs*subjekt*, den *exercitor*, zu verschaffen. Dem es jedoch freisteht, iWd *praepositio* Haftunsgrund und -höhe zu beschränken oder auszuweiten. Dies lässt sich widerspruchsfrei zusammenfügen.

[170] ME anders ist die Auffassung von *Gaius*[206], der auf die *praepositio* zu verzichten scheint und eine - in moderner Terminologie - reine Anscheinsvollmacht konstruiert. Dort heißt es nämlich: „Die *actio exercitoria* wird dann angewandt, wenn ein Vater oder Herr einem Sohn oder Sklaven die Führung eines Schiffs übertragen hat und ein Geschäft mit ihm in Bezug auf das Schiff, dessen Führung ihm übertragen worden ist, geschlossen wurde. Man nimmt nämlich an(!), dass auch eine solche Angelegenheit aufgrund des Willens des Vaters oder Herrn ausgeführt wird, und es ist daher nach Ansicht der Juristen vollkommen angemessen, eine Klage auf das Ganze zu gewähren[207]."

---

[203] Zu dieser u. Rdnr. 189.

[204] D. 14, 1, 1 pr.

[205] Ebenso RINCKENS, BRZ 2023, 123 sub V.

[206] Gai. 4, 71.

[207] Übers. nach BEHRENDS/KNÜTEL/KUPISCH/SEILER (zit. na. RINCKENS, BRZ 2023, 125, re., Text bei FN 72).

Dennoch meint RINCKENS[208], auch *Gaius* habe auf die *praepositio* abgestellt, indem er sie als rechtliche Grundlage der *actio exercitoria* angesehen habe, in der sich der Wille des *exercitor* manifestiert habe, in dem definierten Umfang für die vom *magister* abgeschlossenen Geschäfte aufzukommen. Dies lässt sich der zitierten Textstelle mE nicht entnehmen. Der Unterschied zeigt sich in der

[171] *Abw.*, wo kein Tau reißt, sondern das Segel irreparabel zerstört wird, so dass *Nautilus* nicht mehr weiterfahren kann. Er läuft den Hafen Chersonasus[209] auf Creta[210] an und kauft bei *Lucius Musculus* ein neues. Eine Eigenvornahme scheidet aus, weil *Nautilus* nicht über ein neues Segel verfügt. Den Kaufpreis iHv 800 HS entrichtet er nicht, weil er sonst das Getreide in Alexandria und die Heuer für die Matrosen nicht bezahlen kann.

Problemstellung: Hier hat *Nautilus* die *praepositio* überschritten, die ja nur beinhaltete, dass er die Heuer auszahlen und den Weizen bezahlen darf und erforderliche Reparaturen selbst erledigt werden müssen. Andererseits kommt es gar nicht mehr zum Kauf des Weizens, wenn kein neues Segel gekauft werden kann.

[172] *Lösung: a)* Folgt man der Auffassung *Ulpians* in D. 14, 1, 1, 7, wonach die *praepositio* Grundlage der Verpflichtungsermächtigung des *magister navis* zu Lasten des *exercitor* ist, so muss sich *Musculus* an *Nautilus* halten, weil dieser zu einem solch weitreichenden Geschäft nicht ermächtigt war.

b) Folgt man jedoch der Auffassung des *Gaius*, wie ich sie verstehe, kommt es lediglich darauf an, ob mit dem *magister navis* ein Geschäft *in Bezug auf das Schiff* geschlossen wurde. Da dies hier der Fall ist, haftet *Aeppeltschus* dem *Musculus* auf 800 HS.

---

[208] AaO (vorige FN), Text bei FN 73.
[209] Https://en.wikipedia.org/wiki/Chersonasus (10.01.2024).
[210] Https://de.wikipedia.org/wiki/Creta_et_Cyrene (22.01.2024).

[173] *Anm.:* Ob *Ulpian* in D. 14, 1, 1, 7 tatsächlich so zu verstehen ist, dass auch in einem solchen Falle, wo eine Eigenreparatur *nicht möglich* ist, die *praepositio* die Grenzen der Verpflichtungsermächtigung zieht, ist fraglich. Denn die Konsequenz wäre ja, dass das Getreide in Aegyptus nicht gekauft werden könnte, das *Aeppeltschus* aber in Rom mit Gewinn weiterveräußern will. Außerdem müssten *Nautilus* und die Matrosen, wenn sie nicht auf anderen Schiffen anheuern, auf Creta bleiben oder mit dem für den Getreidekauf und die Heuer bestimmten Geld zurück nach Rom segeln und das Schiff im Hafen von Chersonasus zurücklassen. Das widerspräche jeglicher wirtschaftlichen Vernunft. Dies dürfte kaum im Sinne *Ulpians* gewesen sein. Denn immerhin lässt er in D. 14, 1, 1, 8 sogar die Aufnahme eines Darlehens zu. Dies kann nur so zu verstehen sein, dass die Darlehensaufnahme in der *praepositio* nicht erwähnt wurde, andernfalls hätte *Ulpian* dies nicht problematisiert. Insofern liegen die Fälle also parallel. In diesem Paragraphen wird jedoch die Darlehensaufnahme eben dann für zulässig gehalten, wenn sie den Geboten wirtschaftlicher Vernunft entspricht, nämlich wenn „zur Ausrüstung und Einrichtung des Schiffs oder zum Unterhalt der Schiffsmannschaft geborgt" wurde. Es macht aber ökonomisch keinen Unterschied, ob man einen Warenkredit bei einem Verkäufer, einen Zielkauf, oder einen Finanzkredit bei einem Bankier in gleicher Höhe und zu demselben Zweck in Anspruch nimmt.

[174] Dennoch, die Textstelle des *Gaius*, wie ich sie lese, ist hier klarer. Sie gibt gleichzeitig einen zentralen Anhaltspunkt für die **Auslegung von Willenserklärungen**, hier der *praepositio*, anhand **wirtschaftlicher Vernunft**, die wiederum den Maßstab für die *bona fides*, aber auch für den Handelsbrauch, den *usus*, abgibt. Der Möglichkeit des Missbrauchs, die sich aus dem weiten Verständnis ergibt, wird durch die *bona fides* begegnet. Immerhin meint auch RINCKENS, dass die Grenzen der *praepositio* in erster Linie durch den Willen des *exercitor* festgelegt, aber im Einzelfall durch die Umstände und Verkehrsnotwendigkeiten konkretisiert werden[211]. Dies gilt natürlich umso mehr, wenn keine *praepositio* vorliegt.

---

[211] BRZ 2023, 125, li., Text nach FN 71.

c) Darlehensaufnahme

aa) Aufriss der Problematik

[175] Die Problematik bei der pauschalen Ermächtigung zur Darlehensaufnahme ist doppelt: Zum einen kann das Darlehen in unbegrenzter Höhe, gesteigert durch Zinsen, aufgenommen und zum anderen zu jedem beliebigen Zweck verwendet werden, und in beiden Fällen muss der Reeder zahlen. Deshalb waren solche Ermächtigungen selten, wenn sie überhaupt vorkamen. Wie aber, wenn der *magister navis* dennoch ein Darlehen aufnimmt, kann man dann sagen, dass es aufgrund dieser Angelegenheit, deretwegen er iSv D. 14, 1, 1, 7 eingesetzt ist, geschehen ist, fragt *Ulpian* in D. 14, 1, 1, 8. Dieser Frage soll im Folgenden nachgegangen werden.

Zunächst ist hier festzuhalten, dass es sich um ein Darlehen handelt, zu dessen Aufnahme der *magister navis* nicht schon durch die *praepositio* ermächtigt ist. Denn sonst würde sich die Problematik gar nicht stellen. I.e., es handelt sich, parallel zu der Frage des Warenkredits[212], um ein Auslegungsproblem, u.zw. der *ergänzenden* Auslegung.

Die ergänzende Auslegung muss also bei der *Angelegenheit* iSv D. 14, 1, 1, 7 ansetzen und der Darlehensaufnahme *zweckentsprechende Grenzen* ziehen. Es stellt sich die Frage, *ob, in welchem Umfang und zu welchem Zweck* ein in der *praepositio* nicht vorgesehenes Darlehen aufgenommen werden kann, so dass der *exercitor* daraus verpflichtet wird.

bb) Darlehenszweck

[176] *Problem: Gaius Aeppeltschus* schickt das Schiff „MESSALINA" mit *Cannabus Nautilus* als *magister navis* nach Alexandria, um dort mehrere *modii*[213] Weizen zu erste-

---

[212] S. soeben Rdnr. 173.

[213] Ca. 8,7 Liter, s. https://de.wikipedia.org/wiki/Modius_(Einheit). Getreide wurde im antiken Rom, wie lange auch noch in Deutsch-

hen. Er gibt ihm die *praepositio*, dass er die Heuer auszahlen und den Weizen bezahlen darf. Vor Cyprus[214] gerät *Nautilus* in schwere See, wobei das Segel irreparabel zerstört wird, so dass *Nautilus* nicht mehr weiterfahren kann. Er läuft den Hafen Constantia[215] an und lässt den Schaden bei *Lucius Musculus* beheben, der jedoch 20 *aurei* Cash fordert. *Nautilus* kann diesen Betrag nicht aufbringen, weil er sonst den Weizen in Alexandria und die Heuer für die Matrosen nicht bezahlen kann, und geht zu dem *argentarius*[216] *Gaius Monetarius*, bei dem er ein entsprechendes Darlehen, verzinslich mit 10% p.a., aufnimmt. Kann *Monetarius Aeppeltschus* nach einem Jahr auf 22 *aurei* in Anspruch nehmen?

Problemstellung: Da in der *praepositio* Darlehensgeschäfte nicht erlaubt wurden, ist diese auszulegen. Eine umfassende Erlaubnis zur Darlehensaufnahme unabhängig von Betrag und Zweck kann nicht angenommen werden. Eine umfassende Sperre ist ebenfalls nicht anzunehmen[217]. Vielmehr ist die ergänzende Auslegung gem. D. 14, 1, 1, 8 anhand der in D. 14, 1, 1, 7 niedergelegten Kriterien vorzunehmen.

[177] *Lösung:*

a) Kapital: Ulpian fährt fort: *Pegasus* glaubt, wenn er zum Vorteil eines Geschäfts, dem er vorgesetzt ist, geborgt habe, so sei die Klage zu gestatten, welche Meinung ich für richtig halte. Denn wie wenn er zur **Ausrüstung und Instandhaltung**

---

land, nicht nach Gewichts, sondern nach Volumen verkauft, s. https://de.wikipedia.org/wiki/Alte_Ma%C3%9Fe_und_Gewichte_(r%C3%B6mische_Antike)#Getreidema%C3%9Fe [beide 01.02.2024].

[214] Https://la.wikipedia.org/wiki/Cyprus_(provincia_Romana) [23.01.2024].

[215] Https://de.wikipedia.org/wiki/Salamis_(Zypern)

[216] Römischer Bankier (https://www.muenzen-ritter.de/ wissenswertes/numismatikbibliothek/numismatisches-abc/geldgeschaefte_im_alten_rom) [23.01.2024].

[217] S. hierzu die Ausführungen zu dem Parallelfall o. Rdnr. 173.

des Schiffs oder zum **Unterhalt der Schiffsmannschaft** geborgt hat[218]?

b) Zinssatz: Ein **Höchstzinssatz von 12%** *(centesimae usurae)* war in der späten Republik möglich[219].

[178] *Ergebnis:* Da das Darlehen zur Wiederinstandsetzung des Schiffs, also zur Instandhaltung iSv D. 14, 1, 1, 8, aufgenommen wurde und der Zinssatz den höchst zulässigen nicht überstieg, kann *Monetarius* von *Aeppeltschus* nach einem Jahr 22 *aurei* fordern.

Zur *actio exercitoria* iZm der *traiecticia pecunia* s.u. Rdnr. 243.

cc) Zweckwidrige Verwendung

[179] *Abw. 1: Nautilus* sagt, dass er das Geld für das Segel benötigt, überlegt es sich aber nach Auszahlung anders und verwendet es zweckwidrig, um Wein für die Mannschaft zu besorgen.

Problemstellung: Wer trägt das **Risiko der zweckwidrigen Verwendung**? Muss *Monetarius* beweisen, dass das Geld zweckentsprechend verwendet wurde? Wenn nein, müsste er dann auch für ein Darlehen zum Kauf eines Segels haften, wenn dieses auf einer Insel aufgenommen wird, auf der man gar keine Segel kaufen kann? Die

[180] *Lösung* ist strittig.

---

[218] D. 14, 1, 1, 8. Ähnl. auch in D. 14, 1, 1, 9, wo eine Verabredung mit dem Dritten gefordert wird, die in eod 1, 8 zumindest nicht erwähnt wird. RINCKENS BRZ 2023, 128, re., Text nach FN 93 ist jedoch der Auffassung, dass in beiden Fällen durch eine besondere Abrede die Verbindung zwischen dem Darlehen und dem „Geschäftskreis der *praepositio* hergestellt wird".

[219] *Arg e* D. 22, 2, 4, 1; KLEINSCHMIDT, Das *Foenus Nauticum* und dessen Bedeutung im Römischen Rechte, Heidelberg 1878, S. 26, Text bei FN 3; KKL, Rdnr. 35.20. Allerdings wird bisweilen auch von 6% bzw. 5% gesprochen (D. 22, 1, 13; eod. 17pr. u. 6). Näheres u., Rdnr. 244.

a) Zunächst *Ulpian* unter Bezugnahme auf *Ofilius* und *Pedius* in D. 14, 1, 1, 9: Wenn der *magister navis* das Geld empfangen hat, um es auf das Schiff zu verwenden und *nachher(!)* sich anders besinnt, so ist der Reeder verbindlich, da er es sich selbst zuzuschreiben hat, einen solchen Menschen angestellt zu haben. Den **Beweis der Durchführung der Reparatur** sowie des Kaufs des Segels muss er **nicht** führen.

[181] *b)* Nach der Auffassung von *Africanus* und *Julianus* in D. 14, 1, 7 pr. wird *Monetarius* nur dann mit Erfolg klagen, wenn das Schiff im Zeitpunkt der Darlehensaufnahme tatsächlich instandsetzungsbedürftig war. Denn so wie der Darlehensgeber nicht dazu genötigt werden darf, selbst die Ausbesserung des Schiffs zu besorgen — was doch die Folge sein würde, wenn er die Verwendung des Geldes auf die Ausbesserung beweisen müsste —, so muss man doch das von ihm verlangen, dass er weiß, er leiht dazu, wozu jener als *magister navis* angestellt ist, was allerdings nicht anders möglich ist, als wenn er auch weiß, ob das Geld zur Ausbesserung nötig ist.

[182] Diese Textstelle ist nicht eindeutig. Zunächst genügt es, wenn „das Schiff im Zeitpunkt der Darlehensaufnahme tatsächlich instandsetzungsbedürftig" gewesen *ist*. Dann muss sich der Darlehensgeber selbst davon *überzeugen*, wird ihm also eine aktive **Sorgfaltspflicht** auferlegt[220].

[183] Dies bedarf der Klärung. Wenn der Darlehensgeber sich selbst tatsächlich von der Instandsetzungsbedürftigkeit des Schiffes überzeugt und der *magister navis* das Geld zweckwidrig verwendet, entsteht mE keine andere Situation, als wenn er es nicht tut, das Schiff aber dennoch instandsetzungsbedürftig ist und das Geld veruntreut wird. I.e., für den aus dem Darlehen in Anspruch genommenen *exercitor* entsteht dadurch, dass die Einnahme des Augenscheins unterbleibt, keine andere Situation, als wenn sie durchgeführt würde. MaW, er hat nichts davon.

---

[220] RINCKENS, BRZ 2023, 129, re.

Nachdem nun weder die grammatische - Perplexität - noch die te-
leologische - fehlender Zweck der Augenscheinnahme - Auslegung
zum Ziel geführt haben, ist auf die systematische zurückzugreifen.
Hierbei ist davon auszugehen, dass jede Regelung einen konkreten
Zweck verfolgt und zwei Regelungen nicht denselben. Da aber D. 14,
1, 1, 9 lediglich Reparaturbedürftigkeit des Schiffs voraussetzt („um
es auf das Schiff zu verwenden"), muss D. 14, 1, 7 pr. weiter rei-
chen. Dies würde bedeuten, dass der *argentarius* sich tatsächlich
von der Reparaturbedürftigkeit überzeugen muss, will er den *exercitor* in Anspruch nehmen. Aber *cui bono?*

[184] Kann man die Textstelle auch anders lesen?

Als Auslegungshilfe bietet sich die unmittelbar darauf folgende
Textstelle D. 14, 1, 7, 1 an: Bisweilen ist nämlich auch in Betracht zu
ziehen, ob das Darlehen an einem Orte aufgenommen worden ist,
wo dasjenige, weshalb es aufgenommen wurde, angeschafft werden konnte. Denn wie, wenn jemand Geld zum Einkaufe eines Segels vorschießt, auf einer Insel, wo gar keine Segel zu kaufen sind?
Überhaupt ist der Gläubiger gehalten, darauf achtzugeben, wofür er
haften müsse. Diese Textstelle bezieht sich auf die dem Darlehens-
gläubiger, dem Kreditgeber, dem Darlehensschuldner, dem *exercitor*, gegenüber obliegende Sorgfaltspflicht. Jedoch nicht iS einer
einklagbaren Pflicht, sondern iS einer Obliegenheit. Bei deren Verletzung Nachteile drohen.

[185] Aber welche Nachteile? Dass das Darlehenskapital und ggf.
stipulierte Zinsen überhaupt oder auch nur teilweise nicht zurückgezahlt werden, kann nicht angenommen werden. Die Frage aber
ist, *von wem* der *argentarius* sie verlangen kann, sprich ob er mit
der *actio exercitoria* gegen den Reeder vorgehen kann oder sich mit
der *actio certae creditae pecuniae* an den *magister navis* wenden
muss. Da der Darlehensgeber die Darlehenshingabe und ggf. die
Stipulation von Zinsen zu beweisen hat, kann der einzig noch mögli-
che Nachteil sein, dass sich die **Beweislast bzgl. des Darlehens-
zwecks umkehrt**. So dass er mindestens beweisen muss, dass er das
Darlehen zu einem Zweck ausgereicht hat, wozu der *magister navis*
angestellt war, nämlich zur Instandsetzung des Schiffes[221]. Eine
weitergehende Beweislastumkehr dahin, dass das diese tatsächlich

---

[221] D. 14, 1, 1, 8.

erfolgt war, scheint mir ausgeschlossen, da diese mit dem in D. 14, 1, 7 pr. niedergelegten Grundsatz kollidieren würde, dass der Darlehensgeber nicht dazu genötigt werden darf, selbst die Ausbesserung des Schiffs zu besorgen.

[186] *Ergebnis: a)* Nach der Auffassung von *Ulpian, Ofilius* und *Pedius* kann *Monetarius* von *Aeppeltschus* die 22 *aurei* mit der *actio exercitoria* fordern.

[187] *b) aa)* Bei wörtlicher Auslegung der Auffassung von *Africanus* und *Julianus* in D. 14, 1, 7 pr. kann *Monetarius* mit der *actio exercitoria* nichts fordern, weil er sich nicht von der Instandsetzungsbedürftigkeit der „MESSALINA" überzeugt hat[222], und muss sich deshalb an *Cannabus Nautilus*, mit dem er kontrahiert hat, halten.

[188] *bb)* ME kann er das Geld dennoch von *Aeppeltschus* fordern, wenn er nämlich - im Zeitpunkt der Rückforderung - beweist, dass das Schiff im Zeitpunkt der Darlehenshingabe reparaturbedürftig war. Andernfalls muss er sich auch bei diesem Verständnis von D. 14, 1, 7 pr. an *Cannabus Nautilus* halten.

[189] *cc)* Ferner hat *Monetarius* - nach *beiden* Auffassungen - einen Bereicherungsanspruch aus der *actio de in rem verso* (Versionsklage)[223] gegen *Aeppeltschus*. Die *actio de in rem verso* setzt voraus, dass der **Gewalthaber** einen echten **Vorteil in** *seinem* **Vermögen**, also *außerhalb* des *peculiums*, hat und bis zum Schluss der mündlichen Verhandlung auch behält: Der Wert der **Bereicherung** in diesem Zeitpunkt ist die **Obergrenze** der Haftung[224], womit einerseits dieser Anspruch

---

[222] RINCKENS, BRZ 2023, 129, re. u. insbes. 130, re, der sich allerdings nicht auch nur ansatzweise mit den von mir soeben, Rdnr. 183 ff. geäußerten Bedenken auseinandersetzt.

[223] Hierzu KKL, Rdnr. 49.5, 9 - 10; Inst. 4, 7, 4 - 4b; C. 4, 26, 7, 3; D 15, 3, 1 pr. u. 1.

[224] KKL, Rdnr. 49.9. Gai. 4, 72a spricht allerdings vom „vollen Betrag"; vmtl. ist damit *nicht* der volle Betrag, den der Kläger *ursprünglich aufgewandt* hat, *sondern* der volle Betrag der *noch vorhandenen* Bereicherung gemeint.

über den Wert des peculiums hinausgeht, andererseits jedoch eine Haftungsbeschränkung auch hier eingezogen wird, also *keine* Haftung *in solidum,* keine Haftung mit dem ganzen Vermögen stattfindet, sondern lediglich im Umfang der noch vorhandenen Bereicherung. Damit entfallen schon einmal die Zinsen, und nach einem Jahr ist das Segel sicherlich auch keine 20 *aurei* mehr wert. Der dann noch verbleibende Wert wird auf die *actio de in rem verso* geschuldet.

[190] *Abw. 2: Nautilus* erwähnt den Zweck bei Darlehensaufnahme nicht, plant aber bereits zu diesem Zeitpunkt die zweckwidrige Verwendung. Ändert das etwas?

Problemstellung: Offenbar wurde *Monetarius* hintergangen. Allerdings hat er sich auch hintergehen lassen, denn er hat nicht nach dem Darlehenszweck gefragt. Dennoch war es *Aeppeltschus,* der „einen solchen Menschen angestellt" hat. Wie ist zu entscheiden? Die

[191] *Lösung* ergibt sich aus D. 14, 1, 1, 9 *i.f.:* Wenn er aber von Anfang den Gläubiger zu hintergehen beabsichtigt und nicht ausdrücklich erwähnt hat, dass er zum Besten des Schiffes geborgt habe, findet das Gegenteil statt. Dies gilt natürlich erst recht gem. D. 14, 1, 7 pr.

Ergebnis: Monetarius bleibt auf den 20 *aurei* sitzen und kann auch keine Zinsen von *Aeppeltschus* fordern. Sein Anspruch auf Darlehensrückzahlung besteht aber in dieser Höhe gegen *Nautilus,* mit dem er verhandelt hat.

[192] *Problem:* Pamphilus, der *magister navis* des *Gaius Aeppeltschus* auf der „IULIA AGRIPPINA"[225], muss iR seiner *praepositio* ein Segel für 10 *aurei* ersetzen, wofür er kein Geld hat. Er borgt daher bei *Auricius Aurodigitus* auf Naxos[226] 12 *aurei.* Damit bezahlt er das Segel, den Rest versäuft

---

[225] Https://de.wikipedia.org/wiki/Agrippina_die_J%C3%BCngere (26.01.2024).
[226] Https://la.wikipedia.org/wiki/Naxos (26.01.2024).

er. Als *Aurodigitus* von *Aeppeltschus* das Geld fordert, zahlt
der nur 10 *aurei*.

Problemstellung: W.o.[227] bereits dargestellt, kann der Darlehensgeber die *actio exercitoria* erheben, wenn der *magister
navis* das Darlehen in einer Angelegenheit, zu der er eingesetzt ist, aufgenommen hat, insbes. zwecks Instandhaltung
des Schiffs, wie dies hier der Fall ist[228]. Dem Grunde nach
schuldet *Aeppeltschus* also Rückzahlung des Darlehens. Aber
was ist mit der Höhe? Muss er auch den Differenzbetrag zahlen, der über das zur Instandhaltung Notwendige hinausgeht?

[193] *Lösung:* Er muss. Hierzu D. 14, 1, 1, 10: Aber auch
wenn der *magister navis* bei den Preisen der eingekauften
Dinge Betrug gemacht hat, wird der Reeder und nicht der
Gläubiger den Schaden zu tragen haben. Denn, so D. 14, 1, 1,
9, er hat es sich selbst zuzuschreiben, einen solchen Menschen angestellt zu haben.

[194] *Abw.:* Als Pamphilus von Alexandria zurückkehrt,
macht er auf Naxos Rast. *Aurodigitus* verlangt sein Geld, aber
Pamphilus ist blank, da er alles für das Getreide in Alexandria
und die Heuer der Matrosen aufgewendet hat. Deshalb begibt er sich zu *Venus Veneratoris*, die ihm die 12 *aurei* gegen
25% *usurae* leiht. Kann sie nach einem Jahr 25 *aurei* von *Aeppeltschus* fordern?

Problemstellung: Pamphilus hat hier das Darlehen nicht in
einer Angelegenheit aufgenommen, deretwegen er zum *magister navis* bestellt worden ist, insbes. nicht zur Ausrüstung
und Einrichtung des Schiffs oder zum Unterhalt der Schiffsmannschaft[229], sondern zur **Umschuldung.** Dies führt zu der
Fragestellung, ob dieses Darlehen auch von D. 14, 1, 1, 8 erfasst ist. Denn immerhin steht *Aeppeltschus* hinsichtlich des

---

[227] Rdnr. 176 ff.
[228] D. 14, 1, 1, 8 u. 9.
[229] D. 14, 1, 1, 8.

Kapitals nicht schlechter als beim Darlehen des *Aurodigitus.*
Die

[195] *Lösung* ergibt sich aus D. 14, 1, 1, 11: Wenn der *magister navis* bei einem anderen ein Darlehen aufnimmt, um den, der ihm zur Ausbesserung des Schiffes einen Kredit gewährt hat, zu befriedigen, so hat dieser einen Anspruch, wie wenn er selbst zur Ausbesserung des Schiffes ein Darlehen gewährt hätte.

[196] Dabei sind natürlich die üblichen Grenzen der Darlehensaufnahme, wie sie sich aus D. 14, 1, 1, 8 - 10 - hinsichtlich des Kapitals - und aus den allgemeinen Grundsätzen - bzgl. der Zinsen - ergeben, zu beachten.

[197] *Ergebnis: Venus* kann von *Aeppeltschus* das Darlehenskapital iHv 12 *aurei* fordern, *nicht* jedoch die *Zinsen,* da deren Höhe den *gesetzlichen Höchstzins überschreitet* und die dementsprechende Vereinbarung somit gegenstandslos ist.

6.) Gegenklage des exercitor

[198] *Problem: Gaius Aeppeltschus* schickte *Utessessus Nautilus* mit der „MESSALINA" nach Alexandria, um feinsten ägyptischen Weizen bei *Therizo Kokkos* zu kaufen. Als er zurück in Rom ist, ist ein Teil des Weizens verfault, was auf einen Mangel bereits bei Beladung der „MESSALINA" zurückzuführen ist. Kann *Aeppeltschus Kokkos* mit der *actio quanti minoris* in Anspruch nehmen?

Problemstellung: Dass verfaulter Weizen zur Minderung berechtigt, ist offensichtlich und war auch schon im antiken Rom so[230]. Die Frage ist nur: Gibt es zur grundsätzlich mögli-

---

[230] KKL, Rdnr. 41.39, 48; s.a. PIKO, Fall 41, S. 241 o., die allerdings nicht die *actio quanti minoris,* sondern die *actio empti* anwenden mit der Begründung, das Edikt derkurulischen Ädilen sei nicht anwendbar, da kein Marktkauf von *res manicipi* (Sklaven und Tiere, die

chen *actio exercitoria* des *Kokkos* eine entsprechende *actio contraria* des *Aeppeltschus* gegen diesen? Logisch wäre dies schon. Allerdings hatten wir oben mehrfach gesagt, die *actio exercitoria* wurde nur geschaffen, weil der Dritte, hier *Kokkos*, mehr dem *exercitor* als dem *magister navis*, der dazu noch - anders als hier - häufig ein Sklave sein wird, vertraut. Um aber den für Rom existenziellen Seehandel zu erleichtern, sollte dem Dritten eine Durchgriffsklage gegen den Reeder gegeben werden. Diese Notwendigkeit besteht umgekehrt nicht. Deshalb sagt

[199] *D. 14, 1, 1, 18:* **Gegenseitig** aber wird **dem Reeder** gegen diejenigen, die mit dem *magister navis* kontrahiert haben, **keine** **Klage** versprochen, weil er nicht derselben Hilfe bedarf. *In casu* gilt dies schon deshalb, weil *Aeppeltschus* überhaupt keinen Vertrag mit *Kokkos* hat. Im römischen Recht gibt es grundsätzlich keine direkte Stellvertretung[231]. Es gilt das Prinzip der mittelbaren Stellvertretung, d.h., *Nautilus* hat zwei Kaufverträge geschlossen: einen mit *Kokkos* als Käufer und einen mit *Aeppeltschus* als Verkäufer. In diesem ist er *Aeppeltschus* zur Gewährleistung verpflichtet, in jenem hat er dieselben Rechte gegen *Kokkos*.

[200] D. 14, 1, 1, 18 fährt fort: Sondern er [der *exercitor*] kann den *magister navis* entweder, wenn er ihm um Lohn dient, mit der Klage aus dem Dienstvertrag, oder wenn unentgeltlich, mit der Auftragsklage belangen. Beispielsfälle hierfür werden nicht genannt. Vielleicht ist hier an Schlechterfüllung eines Werkvertrags zur Reparatur eines Segels zu denken. Wenn der *magister navis* hier die volle *merx*, den vollen Werklohn entrichtet hat, ohne einen Abzug für die mangelhafte Leistung vorzunehmen, so kann der *exercitor* ihn, nicht den Dritten, in dieser Höhe in Anspruch nehmen.

---

am Zügel geführt werden) vorlag. Nach D. 21, 1, 63 aber ist das eod. 1 pr. wiedergegebene Edikt der kurulischen Ädilen auch auf den Verkauf anderer Sachen anwendbar. In der Sache ändert sich dadurch allerdings nichts.

[231] S. hierzu o. Rdnr. 86 ff.

[201] Interessanter ist vielmehr der Schluss des Paragrafen: „Indess pflegen die Präfekten zu Beförderung der Getreidezufuhr und die Statthalter in den Provinzen, den Reedern auf Grund der Verträge der Schiffer außerordentlichen Beistand zu gewähren." Dies legt nahe, dass - entgegen dem oben Gesagten - dem *exercitor* eine direkte Klage gegen einen Dritten jedenfalls bei den für Rom so wichtigen Getreidetransporten in Einzelfällen gegeben wurde.

§ 4 Foenus nauticum (Seedarlehen)

1.) Zusammenfassung

[201] **Sedes materiae:** *D. 22, 2* und *C. 4, 33.*

[202] **Inhalt:** *Darlehen* an einen Händler, der Ware über See ex- oder importiert, für die *Seereise.*

[203] **Gefahrtragung** liegt beim *Darlehensgeber,*

[204] **Gefahr** umfasst *jeden Zufall,* nicht nur Schiffbruch, sondern auch Seewurf nach der *lex Rhodia de iactu,* Piraterie und andere unbeherrschbare Gefahren.

[205] **Schaden** in diesem Zusammenhang ist nicht nur der Verlust, sondern auch die Zerstörung sowie die Verschlechterung, also jede *Verschlechterung der Verwertungsmöglichkeit.*

[206] **Zinsen:** Zunächst unbeschränkt, ab *Justinian* Obergrenze von 12%.

[207] **Ende:** Entweder nach Kalender oder bei Ende der Reise (ggf. Hin- und Rückreise). Danach geht die Gefahr auf den Schuldner über und endet auch der Lauf der horrenden Seezinsen. Niedrigere Zinsen laufen, wie immer, nur, wenn für diesen Fall gesondert stipuliert.

[208] **Form:** *nudum pactum* ausreichend, Stipulation Regelfall.

[209] *Actio exercitoria:* Sie kommt i.A. (Reparaturfälle) *nicht* zum Zuge, ist jedoch auch nicht grundsätzlich ausgeschlossen.

2.) Grundzüge, Form, Gefahrtragung, Zinsen

[210] Das Seedarlehen ist ein Darlehen, das einem Händler, der Ware über See schickt oder importiert, oder auch einem Reeder für eine **Seereise** gegeben wird. Es steht, abweichend vom *mutuum,* dem Regelfall des Darlehens, auf **Gefahr des Darlehens***gebers,* i.e., wenn das Schiff untergeht, fällt er mit seiner Forderung aus. Im Gegenzug ist er - bis *Justinian* - von

der **Zinsbeschränkung befreit**[232]. Danach gilt eine im Vergleich zu anderen Forderungen[233] deutlich erhöhte **Obergrenze von 12%**[234]. D.h., die Möglichkeit *infinitas usuras recipere*, Zinsen in unbegrenzter Höhe zu erheben, hatte nur bis zum Erlass des Codex in den 530er Jahren gegolten.

[211] *Sedes materiae* des *foenus nauticum*, das auch *pecunia traiecticia* genannt wird[235], ist **D. 22, 2.** Letzteres bezeichnet das Geschäft von der Seite des Gläubigers, Ersteres von der des Schuldners[236].

[212] Grundsätzlich ist das *foenus nauticum* **formfrei**[237], kann also durch *nudum pactum* begründet werden, doch dürfte *stipulatio* die Regel gewesen sein[238].

---

[232] C. 4, 33, 2 u. 3 *(Traiecticiam pecuniam, quae periculo creditoris datur, tamdiu **liberam** esse ab observatione communium usurarum, quamdiu navis ad portum appulerit, **manifestum** est);* P.S. 2, 14, 3 *(Traiecticia pecunia propter periculum creditoris, quamdiu navigat navis, **infinitas**(!) usuras recipere potest);* KLEINSCHMIDT aaO (FN 219), S. 11 f. Zu den Zinsbeschränkungen vor *Justinian* D. 22, 2, 4, 1; KLEIN-SCHMIDT aaO (FN 219), S. 26, Text bei FN 3; KKL, Rdnr. 35.20. Wenn KLEINSCHMIDT allerdings meint, dass iR anderer Darlehen „der sonst übliche Zins nichts anderes sein soll, als ein Ersatz für den dem Gläubiger entzogenen Genuss des Capitals, [während] hier dem Gläubiger für die Gefahr, der er sich unterzieht, eine besondere Leistung zugesichert [wird]", so ist dies unscharf. Denn auch bei anderen Darlehen stellt der Zins z.T. eine Risikoprämie dar, da der Gläubiger auch mit diesen (tlw.) ausfallen kann. Beim *foenus nauticum* ist lediglich die *Höhe* der Zinsen, soweit sie die für andere Darlehen übersteigt, die Gegenleistung für die *besondere* Gefahr, die mit dem Seetransport verbunden ist.

[233] Zu diesen C. 4, 32, 26, 2, wonach die Zinssätze von 4% bis 8% gehen.

[234] C. 4, 32, 26, 2.

[235] D. 22, 2, 1.

[236] KLEINSCHMIDT aaO (FN 219), S. 5, § 2.

[237] D. 22, 2, 7; KLEINSCHMIDT aaO (FN 219), S. 36.

[238] KLEINSCHMIDT aaO (FN 219), S. 35.

[213] *Problem: Gaius Aeppeltschus* will 100 *metretae*[239] köstliches Olivenöl aus Hispalis[240] in Baetica[241] 800 *a.u.c.*[242] nach Burdigala mit der „CLEOPATRA" importieren. Dafür muss er *Oleginus Olearius* in Hispalis 8.000 HS[243] zahlen, die er jedoch nicht flüssig hat. *Nummus Argentarius* streckt ihm hierfür 6.000 HS zu 25% Zins vor. 2.000 HS erhält er von *Lucius Nichtsalsverdrus* zu 6% Zins, die gesondert stipuliert werden, wobei der Zweck nicht erwähnt wird. Auf der Rückfahrt havariert *per casum* das Schiff. Welche Forderungen haben die Darlehensgeber?

Problemstellung: Die Frage ist offensichtlich, wer das *Risiko des zufälligen Untergangs* trägt.

[214] *Lösung a) Darlehen des Nichtsalsverdrus:* Hier handelt es sich um ein *mutuum*, i.e. ein form- und zinsloses Darlehen. Dies ist ein sog. Realvertrag, der erst mit Auszahlung der Darlehenssumme zustande kommt. Zinsen müssen gesondert stipuliert werden[244]. Beides ist hier geschehen. Der Darlehensnehmer ist verpflichtet, das Darlehen zurückzuzahlen. So dass *Nichtsalsverdrus* gegen *Aeppeltschus* eine Forderung iHv 2.000 HS zzgl. 6% Zinsen hat. Die Havarie ist hierfür ohne Bedeutung: Das *mutuum*, das unbedingt gegeben worden war, muss in jedem Fall zurückgezahlt werden.

[215] *Lösung b) Darlehen des Argentarius:* Hier ist zu fragen, ob es sich ebenfalls um ein *mutuum* handelt. Denn hier wurde

---

[239] Ca. 40 l, s. https://la.wikipedia.org/wiki/Mensurae_Romanae (30.01.2024).

[240] Sevilla, s. https://la.wikipedia.org/wiki/Hispalis (30.01.2024).

[241] Andalusien, s. https://la.wikipedia.org/wiki/Baetica (30.01.2024).

[242] 47 n.Chr.G.

[243] Zum Preis KLOFT (FN 3), S. 107.

[244] D. 19, 5, 24; 46, 3, 5, 2. Widrigenfalls sind sie bloße Naturalobligationen (D. 46, 3, 5, 2. 2. Teil; C. 4, 32, 3; eod. 22).

der **Zweck, Seereise**[245] zum Import von Olivenöl, erwähnt. Ferner wurde ein an sich unzulässiger Zinssatz von 25% - Obergrenze grds. 12%[246] - vereinbart. Da aber der **Zinssatz** von 25% - und höher - beim *foenus nauticum* erlaubt ist[247], ist anhand dieser Umstände von einem Seedarlehen auszugehen. Bei einem Seedarlehen aber trifft die **Gefahr den Gläubiger** von dem Tage an, an welchem das Schiff nach der Übereinkunft absegelt[248]. Da hier das Schiff zufällig unterging, hat *Argentarius* das Darlehen verloren. Auch eine Zinsforderung steht ihm nicht zu.

[216] *Ergebnis: a) Argentarius* hat keine Forderung gegen *Aeppeltschus.*

b) Nichtsalsverdrus hingegen kann von *Aeppeltschus* 2.000 HS zzgl. 6% Zinsen verlangen.

[217] *Abw. 1:* Das Schiff geht noch, bevor es in Hispalis anlangt, unter. Am Ergebnis ändert sich nichts[249].

[218] *Abw. 2:* Das Schiff erreicht rechtzeitig den Hafen von Burdigala. Was kann *Argentarius* verlangen?

Problemstellung: Das Kapital muss auf jeden Fall zurückgezahlt werden. Aber ist die **Zinsvereinbarung** auch wirksam? Immerhin wurde sie *nicht stipuliert*, wie dies bei Zinsen iZm einem *mutuum* notwendig gewesen wäre. Die

[219] *Lösung* ergibt sich aus D. 22, 2, 7, wonach beim *foenus nauticum* neben dem Kapital auch Zinsen geschuldet werden, u.zw. auch dann, wenn dies lediglich im Wege eines **formlosen Pactum** vereinbart wird. Es hat dann dieselbe Wirkung wie die Stipulation iR eines *mutuum.*

Man erkennt auch hier wieder die Bedeutung des Seehandels, indem sogar hochriskante Regelungen als formlose Vereinbarungen,

---

[245] D. 22, 2, 1 pr.

[246] S.o. Text bei und in FN 219.

[247] D. 22, 2, 4 pr.; KLEINSCHMIDT aaO (FN 219), S. 10 sub c).

[248] D. 22, 2, 1; eod. 3 u. 6.

[249] KLEINSCHMIDT aaO (FN 219), S. 10 sub a) u. b).

nuda pacta, sprich *bonae fidei iudicia*, möglich waren, während sie sonst, selbst bei Zinsobergrenzen, nur *per stipulationem*, sprich als *iudicia stricti iuris*, möglich waren.

[220] *Ergebnis: Aeppeltschus* muss 6.000 HS zzgl. 25% Zinsen an *Argentarius* bezahlen. Für *Nichtsalsverdrus* ändert sich nichts.

[221] *Abw. 3:* In Abw. 2 gewährt *Argentarius* das Darlehen nach dem **30. Dezember 533 n.Chr.G.** An diesem Tag trat das *CICiv. in Kraft*[250]. Nach C. 4, 32, 26, 4 waren nunmehr **keine unbegrenzten Seezinsen** statthaft, sondern eine **Obergrenze** von **12%** gezogen. Wer höhere Zinsen forderte, konnte sie nicht einklagen, und wenn er sie im Voraus empfangen hatte, so musste er sie auf das Kapital anrechnen[251].

Ergebnis: Aeppeltschus muss lediglich 12% auf das Kapital iHv 6.000 HS sowie dieses an *Argentarius* bezahlen. Für *Nichtsalsverdrus* ändert sich nichts.

[222] *Abw. 4: Aeppeltschus* ist ein Händler mit Sitz in Hispalis, der das Olivenöl nach Burdigala exportiert. Für den Ankauf der Ware bei seinem Lieferanten nimmt er bei *Argentarius* das *foenus nauticum* auf. Das Schiff geht noch, bevor es in Burdigala anlangt, unter. Am Ergebnis ändert sich nichts[252].

Die ursprüngliche *pecunia* setzt sich, außer in Abw. 1, in die eingekauften Waren um, seien sie zum Export, wie in Abw. 4, oder zum Import, wie im Ausgangsfall und in Abw. 2 u. 3, bestimmt[253]. Es tritt - in wirtschaftlicher Hinsicht - eine Art

---

[250] Https://community.beck.de/2018/12/30/1485-jahre-corpus-iuris-civilis (03.02.2024).

[251] KLEINSCHMIDT aaO (FN 219), S. 27. Beachte jedoch das intertemporale Kollisionsrecht in C. 4, 32, 27 pr *i.f.*

[252] KLEINSCHMIDT aaO (FN 219), S. 11.

[253] D. 45, 1, 122, 1; KLEINSCHMIDT aaO (FN 219), S. 11, 14.

von Surrogation[254] ein. Daraus ergibt sich, dass das *foenus nauticum* auch die Aufgabe einer **Seeversicherung** hatte. Hatte der Darlehensschuldner mit dem Kredit Waren zur Ein- oder Ausfuhr angeschafft, trug der Gläubiger die Gefahr. Was gleichbedeutend[255] mit einer Versicherung war: Gingen die Waren unter, musste er das Geld nicht zurückzahlen[256].

[223] *Problem:* Gaius *Aeppeltschus* gibt *Lucius Nichtsalsverdrus* eine *pecunia traiecticia* über 200 *aurei* zu 30% Zinsen für eine Fahrt nach Neapolis[257] auf der „GARUM ET MULSUM", um dort bei *Gracchus Garovirus* für diesen Betrag *garum*[258] einzukaufen, über 60 Tage. Diese Zeit reicht gewöhnlich für Hin- und Rückfahrt[259]. Danach schuldete *Aeppeltschus* dieselbe Summe *Marcus Cainentschlus* bei Strafe von 10 HS/Tag[260].

Allerdings hat *Garovirus* selbst Lieferschwierigkeiten, weil eines seiner Garumbecken leck geworden ist, so dass sich die Reise um mehrere Tage verzögert. Am 65. Tag gerät die „GARUM ET MULSUM" in einen Sturm und geht unter.

---

[254] KLEINSCHMIDT aaO (FN 219), S. 12 spricht von „Metamorphose" und auf S. 32 in Anlehnung an D. 5, 3, 22 davon, dass dies einer *successio rei in locum pretii* gleichkomme.

[255] KLEINSCHMIDT aaO (FN 219), S. 16 f. spricht anschaulich davon, dass sich unter dem Darlehensvertrag ein Versicherungsvertrag verborgen habe. „Man dürfte daher die *pecunia traiecticia* einen Vertrag freilich nicht mit Versicherungsinhalt, wohl aber mit Versicherungserfolg nennen."

[256] KLEINSCHMIDT aaO (FN 219), S. 15 f.

[257] Https://de.wikipedia.org/wiki/Nabeul#Geschichte (02.02. 2024).

[258] Https://de.wikipedia.org/wiki/Garum (02.02.2024).

[259] Https://orbis.stanford.edu/ (02.02.2024).

[260] Dies war wohl ein häufiger Fall dafür, die *pecunia traiecticia* zeitlich zu befristen. Ein anderer Grund waren die Strömungs- und Witterungsverhältnisse ab Herbst, s. KLEINSCHMIDT aaO (FN 219), S. 25 f.

Kann *Aeppeltschus* von *Nichtsalsverdrus* 200 *aurei* inkl. 30% Zinsen verlangen?

Problemstellung: Mindestens naheliegend wäre es, das *foenus nauticum* für die gesamte Reise auszureichen. So immerhin C. 4, 33, 5: Beim Seedarlehen trifft der Zufall den Schuldner nicht eher, als bis das Schiff an seinem Bestimmungsort angelangt ist. Hier aber hatte man anders entschieden. Ist das wirksam? Und welche Auswirkungen hat dies auf Kapital und Zinsen? Die

[224] *Lösung* ergibt sich aus D. 22, 2, 4 pr.

a) Kapital: Die **Gefahr** eines Seedarlehens kann nach einem im Voraus festgesetzten **Termin** oder der Erfüllung einer **Bedingung** auf den Schuldner **übergehen**. Die Regelung in C. 4, 33, 5 steht nicht entgegen. Denn offenbar soll sie nur das Ende des Gefahrübergangs für jene Seedarlehen klarstellen, die für die gesamte Reise gewährt wurden: Es genügt nicht, dass das Schiff in Sichtweite des Bestimmungshafens ist, es ist aber auch nicht erforderlich, dass die Ladung schon gelöscht ist[261]. Die Gefahr trifft also *Nichtsalsverdrus*[262].

[225] *b) Zinsen:* Der Lauf der **Seezinsen** hört ebenfalls nach der **festgesetzten Zeit** auf[263]. Normale Zinsen können für die Zeit danach nur gefordert werden, wenn sie gesondert stipuliert wurden wie allgemein beim *mutuum*, zu dem das *foenus nauticum* nun „mutiert" ist. Da diese gesonderte Stipulation nicht erwähnt ist und es sich um einen wesentlichen Umstand handelt, muss davon ausgegangen werden, dass sie nicht stattgefunden hat.

[226] *Ergebnis: Aeppeltschus* kann von *Nichtsalsverdrus* 200 *aurei* nebst 30% Zinsen für sechs Wochen fordern. Darüberhinausgehende Zinsen kann er *nicht* verlangen.

---

[261] KLEINSCHMIDT aaO (FN 219), S. 25.

[262] S.a. D. 22, 2, 6 sowie 8 u. 9, ferner KLEINSCHMIDT aaO (FN 219), S. 25.

[263] KLEINSCHMIDT aaO (FN 219), S. 25.

[227] *Frage:* Welchen Fehler hat *Nichtsalsverdrus* begangen? *Antwort:* Er hätte sich von *Garovirus* eine Vertragsstrafe stipulieren müssen, wonach dieser das *foenus nauticum* inkl. der Seezinsen ersetzt, wenn dieser die Ware umso viel später liefert, dass der Gefahrübergang zum Nachteil des *Nichtsalsverdrus* stattgefunden und sich, wie hier, realisiert hat. - Eine Haftung auf Verzugsschadensersatz, wie sie für uns heute selbstverständlich ist (§ 287 S. 2 BGB), war hingegen im römischen Recht nicht allgemein anerkannt[264].

[228] *Problem: Gaius Aeppeltschus* gibt *Brutus Cliccoschampus* eine *pecunia traiecticia* über 100 *aurei* nebst 25% Zinsen für den Export von *vinum Sancti Emilionis*[265] auf der „MI-ARRITZE" nach Rom, rückzahlbar nach Löschung der Ladung in Portus Ostiensis Augusti[266]. Die Ladung auf der „MI-ARRITZE" wird *Aeppeltschus* verpfändet, ferner einige Fässer *vinum Salternarum*[267] auf der „GYPTIS". Vor Narbo Martius läuft die „MIARRITZE" auf Grund, und die Fässer gehen verloren. *Aeppeltschus* will sich an den Fässern auf der „GYPTIS" schadlos halten.

Problemstellung: Dies müsste eigentlich möglich sein. Denn schließlich lässt man sich Pfänder gerade für den Fall bestellen, dass man mit seiner Forderung ausfällt. Doch **[229]** *D. 22, 2, 6* entscheidet, streng formal und wirtschaftlich wenig überzeugend, anders: Zwar entspreche das vorstehend beschriebene Verfahren dem Regelfall, doch verhalte es sich beim *foenus nauticum* anders. Denn hier handele es sich hinsichtlich der Rückzahlung um eine durch das wohlbehaltene Anlangen im Zielhafen bedingte Verbindlichkeit. Ist nun die Bedingung durch den Untergang des Schiffs endgültig

---

[264] KKL, Rdnr. 37.9.

[265] Https://la.wikipedia.org/wiki/Vinum_Sancti_Emilionis (05.02. 2024).

[266] Https://de.wikipedia.org/wiki/Portus_Romae (05.02. 2024).

[267] Gemeint ist Sauternes.

ausgefallen, falle auch die Verbindlichkeit weg. Damit aber erlöschen auch die Pfandrechte zu deren Sicherung. Dies gelte auch für die Pfänder, die noch erhalten sind und somit verwertet werden könnten. *l.f.* fährt das Fragment fort: „Wann hätte also wohl der Gläubiger zur Verfolgung jener [auf der „GYPTIS" geladenen] Pfänder zugelassen werden können? Dann, wenn die Bedingung der Verbindlichkeit eingetreten gewesen und das Pfand durch einen *anderen* Zufall verloren gegangen oder zu wohlfeil verkauft wäre oder wenn das Schiff nachher, seitdem der für die Gefahr bestimmte Termin verflossen gewesen ist, zu Grunde gegangen wäre."

[230] Zum Schluss gibt es noch zwei *Beschränkungen der Seezinsen*, die allerdings kaum je praktisch geworden sein dürften: zum einen das *Zinseszinsverbot (Anatocismus)*[268], zum anderen die Regel *supra alterum tantum,* die bedeutet, dass der Zinslauf aufhört, wenn die Summe der Zinsen den Kapitalbetrag erreicht[269]. Wer also 100 *aurei* auf 40% Zinsen ausgeliehen hat, kann nach 2 ½ Jahren keine weiteren Zinsen mehr fordern. Diese Regel findet sich im Grundsatz[270] heute noch in § *1335 S. 1 öABGB*: Hat der Gläubiger die Zinsen ohne gerichtliche Einmahnung bis auf den Betrag der Hauptschuld steigen lassen, so erlischt das Recht, vom Kapital weitere Zinsen zu fordern.

[231] Funfact: Unter https://www.traiecticia.com/ bietet eine tschechische Gesellschaft Steuersparmodelle in der Karibik an.

3.) Zufall und Verschulden

[232] *Problem:* In dem Fall o. Rdnr. 213, erleidet das Schiff keinen Schiffbruch, was darauf zurückzuführen ist, dass die

---

[268] D. 12, 6, 26, 1; Kleinschmidt aaO (FN 219), S. 27.

[269] C. 4, 32, 27, 1; *eod.* 10 u. 28; D. 12, 6, 26, 1; *arg e* D. 22, 2, 4, 1; Kleinschmidt aaO (FN 219), S. 27.

[270] Zu Ausnahmen s. § 1335 S. 2 und öOGH - GZ 1 Ob 142/16p - v. 23.11.2016 (https://www.jusguide.at/index.php?id=88&tx_ttnews %5Btt_news%5D=20749; 03.02.2024).

Amphoren mit dem Olivenöl des *Aeppeltschus* nach Maßgabe der *lex Rhodia de iactu* über Bord geworfen werden.

[233] *Abw. 1:* Piraten rauben die Amphoren mit dem Olivenöl.

[234] *Abw. 2: Aeppeltschus* versendet kein Olivenöl, sondern Tuniken[271], die im Sturm durch überbordendes Salzwasser unbrauchbar werden.

Problemstellung: Nummus Argentarius will sein Geld, „weil das Schiff nicht untergegangen ist. Dass aber ist nach C. 4, 33, 4 Voraussetzung, dass du von der Rückzahlung befreit bist." *Aeppeltschus* wendet ein: „Aber die versicherte Ware ist nicht mehr da. Also ist der Versicherungsfall eingetreten und du musst bezahlen."

[235] *Lösung:* C. 4, 33, 4 legt dies in der Tat nahe, wenn es dort heißt, der Schaden des Verlusts, welcher nicht aus Gefahr eines Seesturms entstanden ist, könne nicht dem Darlehensgeber zur Last fallen. Die Erwähnung des Seesturms ist jedoch beispielhaft und dient lediglich zur Abgrenzung gegen dort erwähnte andere Schadensursachen, die auf *Verschulden* beruhen. Es handelt sich nicht um eine allgemeine Aussage.

Die Argumentation des *Aeppeltschus* ist deshalb - fast - richtig. Es kommt *nicht* darauf an, *weswegen* die Ware nicht mehr wirtschaftlich verwertbar ist.

[236] Zunächst zur *Ursache:* Ob **Schiffbruch, Piraterie** oder **Seewurf** - der Darlehensnehmer des *foenus nauticum* muss das Darlehen *nicht* zurückzahlen, wenn die Ware *per casum,* also zufällig, untergegangen ist und er sie nicht mehr veräußern kann, um mit dem Veräußerungserlös das Darlehen zurückzuzahlen[272].

---

[271] Https://la.wikipedia.org/wiki/Tunica (02.02.2024).

[272] KLEINSCHMIDT aaO (FN 219), S. 24.

[237] Aber auch zu den *Folgen* gilt: Zwischen den einzelnen Formen des Untergangs, **Zerstörung, Verlust** oder **Verschlechterung**, wird *kein* Unterschied gemacht[273].

Dies gilt, obwohl es sich streng genommen nicht um eine Versicherung handelt. KLEINSCHMIDT spricht anschaulich davon, dass sich unter dem Darlehensvertrag ein Versicherungsvertrag verberge. „Man dürfte daher die *pecunia traiecticia* einen Vertrag freilich nicht mit Versicherungsinhalt, wohl aber mit Versicherungserfolg nennen[274]."

[238] *Ergebnis: Aeppeltschus* muss das Darlehen und auch die Zinsen nicht zurückzahlen, da sich die Seegefahr realisiert hat.

[239] Was das **Verschulden** angeht, so waren die Sorgfaltsmaßstäbe meist in einer *cautio*, einer **Urkunde** niedergelegt. Gehaftet wurde nicht nur für *dolus*, sondern auch für jede Form der *culpa*[275].

[240] *Problem: Gaius Aeppeltschus* gibt *Brutus Cliccoschampus* in Burdigala ein *foenus nauticum* über 1.000 *aurei* zu 40% Seezinsen, um mit der *Aeppeltschus* gehörigen „VIDUA CLICCONIA" 200 Metreten *vinum spumans Campaniae* nach Alexandria zu verschiffen, wo die Brühe in den Bordellen reißenden Absatz findet.

a) Infolge eines Navigationsfehlers zerschellt der Kahn am Pharos[276].

b) Der Kahn gerät vor Colonia Iulia Neapolis[277] in schwere See, kommt aber unbeschadet in Alexandria an. Allerdings

---

[273] KLEINSCHMIDT aaO (FN 219), S. 24 unt. Bezugnahme auf D. 18, 6, 1 pr. u. 8 *i.f.*
[274] AaO (FN 219), S. 16 f.
[275] KLEINSCHMIDT aaO (FN 219), S. 24 f.
[276] Https://de.wikipedia.org/wiki/Pharos_von_Alexandria (06.02. 2024).

sind die Amphoren mit dem Edelrülpswasser infolge unsachgemäßer Versiegelung zerstört, und die Brühe ist ausgelaufen.

Kann *Aeppeltschus* Darlehen und Zinsen von *Cliccoschampus* verlangen?

Problemstellung: Die Gefahr des zufälligen Untergangs geht erst über, wenn das Schiff in den Hafen eingelaufen ist[278]. Dies ist in beiden Fällen nicht geschehen. Wem ist das Risiko zuzuweisen?

[241] *Lösung ad a):* Hat es an dem Gläubiger gelegen, dass die Ware zerstört wurde, so kann er nichts zurückfordern[279]. Da es sich um ein Schiff des *Aeppeltschus* handelt, hat er auch den *gubernator* angestellt, so dass er sich dessen Fehlverhalten zurechnen lassen muss. *Aeppeltschus* geht also leer aus. Er steht nicht besser und nicht schlechter als beim zufälligen Untergang der Ware.

[242] *Lösung ad b):* Für Fehler des Schuldners dagegen haftet dieser[280]. Da *Cliccoschampus* die Amphoren nicht ordnungsgemäß verschlossen hat, dies aber für den Schaden kausal war, muss er also trotz Verlust der Ware das Darlehen und die Zinsen zurückzahlen.

4.) *Actio exercitoria* und *traiecticia pecunia*

[243] *Problem:* In dem Fall o. Rdnr. 192, wo das Segel ersetzt werden muss, nimmt der *argentarius Monetarius* nicht 10%, sondern 30% Zinsen. Der *conductor* (Werkunternehmer)

---

277 Https://www.derstandard.de/story/2000063715886/archaeologen-entdecken-versunkene-stadt-vor-tunesischer-kueste (06.02.2024).

278 C. 4, 9, 2 u. 5.

279 D. 22, 2, 8.

280 C. 4, 33, 4.

Musculus nimmt 15 *aurei* für das neue Segel und 5 *aurei* als *merces* für die Arbeiten. Kann *Monetarius* nach einem Jahr 26 *aurei* fordern?

[244] *Problemstellung:* Natürlich kann *Monetarius* auf jeden Fall das Kapital iHv 20 *aurei* fordern. Die Problematik konzentriert sich daher auf die Zinsen. Im 12-Tafel-Recht war der Höchstzinssatz auf eine *uncia*, entspr. 1/12, festgelegt (*fenus unciarium*, Tafel 8, 18), wurde jedoch später auf die Hälfte reduziert (*fenus semiunciarium*)[281]. Unklar ist, ob dies - ein aus heutiger Sicht wucherischer - Monats- oder Jahreszins war. In der späten Republik bürgerten sich die *centesimae usurae*, 1/100 pro Monat, also 12% Jahreszins, als Obergrenze ein[282]. *Justinian* hat den **Höchstsatz** auf idR 6%, begrenzt, für Kaufleute auf 8% und für das besonders riskante Seedarlehen auf die bisherige Obergrenze von 12%[283]. Kommt es darauf an, ob der Fall vor oder nach *Justinian* spielt? Die

[245] *Lösung* hängt davon ab, ob hier eine *traiecticia pecunia* vorliegt. Bei dieser kommt es darauf an, ob Geld oder damit finanzierte Waren auf Gefahr des Darlehensgebers übers Meer geschickt werden[284]. Dann und nur dann ist der gegenüber der normalen Obergrenze erhöhte höhere Zinssatz gerechtfertigt[285]. Keinesfalls kann diese Erlaubnis dazu dienen, die Notlage des Darlehensnehmers auszunutzen. Ein Segel aber ist keine Ware, sondern ein Ausrüstungsgegenstand des Schiffs. Dies gilt umso mehr für die *merces* der *locatio conductio*. Bei einem i.A. langlebigen Investitionsgut wie einem Segel wäre auch überhaupt nicht klar, wann die Gefahrtragung endet. Soll das wie bei den Waren der Zielhafen

---

[281] KKL, Rdnr. 35.19.

[282] *Arg e* D. 22, 2, 4, 1; KLEINSCHMIDT aaO (FN 219), S. 26, Text bei FN 3; KKL, Rdnr. 35.20.

[283] C. 4, 32, 26, 2; KKL, Rdnr. 35.24.

[284] D. 22, 2, 1.

[285] D. 22, 2, 4 pr.; C. 4, 33, 1 u. 2; KLEINSCHMIDT (FN 219), S. 23 ff.

sein? Aber im Zielhafen werden Waren veräußert, i.e., es wird ein Gegenwert erlöst, aus dem das *foenus nauticum* und die erheblichen Seezinsen beglichen werden können, während das Segel auch weiterhin in der Gewalt des Reeders verbleibt und auch verbleiben soll.

[246] KLEINSCHMIDT ist deshalb der Auffassung, man könne mit Sicherheit sagen, dass der Fall der **Reparatur** *nie pecunia traiecticia* war und die Anwendung ihrer Grundsätze hier einer *Umgehung der Zinsbeschränkung* gleichkam[286].

[247] Damit ist die Zinsbestimmung in jedem Falle unwirksam und kommt es nicht darauf an, ob der Fall vor *Justinian* spielt.

[248] *Ergebnis: Monetarius* kann nach einem Jahr sein hingegebenes Kapital iHv 20 *aurei* mit der *actio exercitoria* fordern, jedoch *keine Zinsen*.

[249] *Problem: Gaius Aeppeltschus* will 40 Amphoren Olivenöl aus Augusta Urbs Iulia Gaditana[287] nach Leptis Magna verschiffen, wo es ihm *Lucius Nichtsalsverdrus* abgekauft hatte, um die der Stadt von *Caesar* auferlegte Olivenölstrafe[288] zu entrichten. Zwischen den beiden Vertragspartnern ist eine Vertragsstrafe iHv 10.000 HS vereinbart, wenn *Aeppeltschus* nicht rechtzeitig liefert. Er schickt *Bavaricus Giftimschampus* auf der „HELENA ET PARIS" mit der Brühe los und gibt ihm die *praepositio*[289] für alles, was notwendig ist, um die rechtzeitige Lieferung zu erreichen. Vor Hippo Regius[290] gerät das Schiff in schwere See und die Amphoren müssen über

---

[286] AaO (FN 219), S. 22.

[287] Cadiz, s. https://de.wikipedia.org/wiki/C%C3%A1diz#R%C3%B6mer:_Augusta_Urbs_Iulia_Gaditana (02.02.2024).

[288] Https://de.wikipedia.org/wiki/Leptis_Magna#Geschichte (02.02.2024).

[289] Zu dieser s.o., Rdnr. 162.

[290] Antike Küstenstadt in Numidien, im heutigen östlichen Algerien (https://de.wikipedia.org/wiki/Hippo_Regius; 06.02.2024).

Bord geworfen werden, und *Giftimschampus* muss neue kaufen. Kann er ein *foenus nauticum* bei *Augustinus Bancienus* aufnehmen, wenn er nicht genügend Liquidität hat? Wer haftet ggf.? Greift die *actio exercitoria?*

Problemstellung: Zunächst, Probleme der *praepositio* stellen sich nicht. Aber in dem vorherigen Beispiel[291] konnte ein während der Reise aufgenommenes Darlehen nicht wirksam als *foenus nauticum* deklariert werden. Greift dies hier auch, oder gibt es Unterschiede?

[250] *Lösung:* Ja. Denn es kommt nicht darauf an, ob das Darlehen während der Reise aufgenommen wurde, sondern darauf, ob es bzw. die damit gekauften Waren der Seegefahr ausgesetzt wurden. Da dies hier der Fall ist, kann er ein Seedarlehen mit - vor *Justinian* unbegrenzten, danach max. 12% - Zinsen aufnehmen.

[251] *Ergebnis:* Da er iRd *praepositio* gehandelt hat, haftet *Aeppeltschus* aus der *actio exercitoria* für Kapital und Zinsen, wenn das Öl unbeschadet in Leptis Magna anlangt. Wenn nicht, trägt *Bancienus*, wie auch sonst bei der *pecunia traiecticia*, die Gefahr.

5.) Weitere Entwicklung (Bodmerei)

[252] Vorbemerkung: Die nachfolgend zitierten Vorschriften des HGB sind alte, heute nicht mehr in Kraft befindliche Fassungen.

Die Bodmerei war eine **Weiterentwicklung des** *foenus nauticum* und fand sich zunächst in *ALR II, 8 § 1389 ff.*, später in *Art. 680 ff. ADHGB* und zuletzt in *§§ 679 ff. HGB.* Es ging darum, dass ein Schiff bis auf den Boden, engl. *bottom*, daher der Name, engl. *bottomry*, verpfändet wurde. Bodmerei iSd HGB war gem. dessen *§ 679* ein **Darlehensgeschäft**, welches von dem Schiffer als solchem kraft der in diesem Gesetzbuch

---

[291] S. soeben, Rdnr. 243.

ihm ertheilten Befugnisse unter Zusicherung einer **Prämie** und unter **Verpfändung von Schiff, Fracht und Ladung** oder von einem oder mehreren dieser Gegenstände in der Art eingegangen wird, daß der Gläubiger wegen seiner Ansprüche

- nur an die verpfändeten (verbodmeten) Gegenstände
- nach der Ankunft des Schiffes
- an dem Orte sich halten konnte, wo die Reise enden sollte, für welche das Geschäft eingegangen war (Bodmereireise).

Nach § *681 Abs. 1 HGB* war die Höhe der **Bodmereiprämie ohne Beschränkung** dem Übereinkommen der Parteien überlassen. Nach § *681 Abs. 2 HGB* umfaßte die Prämie in Ermangelung einer entgegenstehenden Vereinbarung auch die **Zinsen**. Damit war, wie im römischen Recht bis *Justinian,* jeder Zinssatz möglich und konnte wirksam vereinbart werden. Um die Gefahren für beide Parteien zu verdeutlichen, schrieb § *682 HGB* vor, dass von dem Schiffer, gemeint war v.a. der Kapitän, ein **Bodmereibrief** ausgestellt werden musste. War dies *nicht* geschehen, so hatte der Gläubiger diejenigen Rechte, welche ihm zustehen würden, wenn der Schiffer zur Befriedigung des Bedürfnisses ein *einfaches* Kreditgeschäft eingegangen wäre. Dies bedeutete natürlich auch eine Beschränkung des Zinssatzes auf den Rahmen der guten Sitten iSd § *138 BGB.* Nach § *690 Abs. 2 HGB* hatte der **Bodmereigläubiger** den **Nachtheil** zu tragen, der sich **durch** große oder besondere **Haverei** ergab, wenn dadurch die verbodmeten (= verpfändeten) Gegenstände zu seiner Befriedigung untauglich wurden. D.h., er trug parallel zum römischen Recht die **Gefahr**. Fällig wurde das Darlehen im Bestimmungshafen der Bodmereireise. Sobald das Schiff dort angekommen war, konnte der Gläubiger die verbodmeten Gegenstände gem. § *691 Abs. 2 HGB* mit **Arrest** belegen lassen. Zur

Anordnung des Arrestes war die - sonst notwendige[292] - Glaubhaftmachung des Arrestgrundes nicht erforderlich[293]. Bei schuldhafter Gefahrerhöhung war der Schiffer verantwortlich *(§ 692 HGB)*. I.J. 1973 wurde die Bodmerei **abgeschafft**.

---

[292] §§ 917 Abs. 1; 920 Abs. 2 ZPO
[293] So heute noch § 917 Abs. 2 S. 2 ZPO.

§ 5 Haftung für eingebrachte Sachen (*receptum*-Haftung)

1.) Zusammenfassung

[253] **Sedes materiae**: *D. 4, 9*.

[254] **Regelung**: *Haftung des Reeders für abhandengekommene eingebrachte Sachen* der Befrachter und Passagiere.

[255] **Einbringung**: in das Schiff oder an den Kai (Beherrschbarkeitsgedanke).

[256] **Verantwortlichkeit**: *Gefährdungshaftung*, Verschulden nicht erforderlich, Haftung auch für Handlungen der *Passagiere* (keine Exkulpation insoweit) und Angestellter, die *cives Romani* sind.

[257] **Ausschluss der Verantwortlichkeit**: durch *Rechtsgeschäft* (wirksam!) oder *casus maior* (Schiffbruch, Piraterie u.Ä.).

[258] **Beweis**: nur für *Verlust* oder *Schaden*, nicht für schadensstiftende Handlung oder Person *(Beweiserleichterung)*.

[259] **Verpflichteter**: *Reeder*, bei mehreren *pro rata*.

[260] **Haftungsumfang**: das *Doppelte*.

[261] **Haftungsgegenstand**: *Waren*, ggf. *Gegenstände des persönlichen Bedarfs*.

[262] **Berechtigter**: *Befrachter/Passagier*, auch wenn Dritter Eigentümer *(Drittschadensliquidation)*.

[263] **Regress** des Reeders gegen Schädiger ist möglich.

2.) Grundzüge, Geschichte und *ratio legis*

[264] Die Reisenden und Befrachter eines Schiffes müssen sich und ihre Habe dem Reeder anvertrauen, wenn sie das Schiff besteigen bzw. beladen. Selbstredend müssen sie also Ausgleichsansprüche haben, wenn die geladenen Waren oder anderen Habseligkeiten am Bestimmungshafen nicht mehr vorhanden oder verschlechtert sind. Diese Ansprüche richten

sich in erster Linie gegen die Verursacher. Allerdings lassen sich diese nicht immer ausmachen. Außerdem ist es schwierig, ihnen ein, für Schadensersatzansprüche konstitutives, Verschulden nachzuweisen. Andererseits geht der Befrachter erkennbar davon aus, dass der Reeder oder der *magister navis* für die Sicherheit seiner Habseligkeiten sorgt. Denn auch dafür bezahlt er die Fracht[294]. D. 4, 9, 5, 1 sieht in der **Übernahme von Gegenständen** durch den Reeder eine **konkludente Erklärung**, diese vor Verlust und Beschädigung **zu schützen**[295].

[265] Die Haftung knüpft jedoch nicht an diese Erklärung an. Vielmehr hat man im Edikt die *receptum*-Haftung geschaffen. Deren Grundregel enthält D. 4, 9, 1 pr.: „Der Prätor sagt: Wenn Schiffsreeder, Gastwirte, Stallwirte dasjenige, was sie für irgendjemanden zur Aufbewahrung aufgenommen haben, nicht zurückgeben werden, so werde ich gegen sie eine Klage gestatten." Es ging darum, das Vertrauen zu schaffen, das notwendig war, um den Seehandel aufrechtzuerhalten und

---

[294] Wenn es in D. 4, 9, 5 pr. heißt, der Reeder empfange den Lohn nicht für Verwahrung fremder Sachen, sondern - wohl nur - dafür, dass er Passagiere übersetze, ist dies mE ungenau und wird den wirtschaftlichen Verhältnissen nicht gerecht. Denn der Befrachter erwartet selbstverständlich die Verwahrung und Bewachung seiner Waren, andernfalls würde er dafür nicht oder weniger bezahlen. Allerdings soll der Anspruch aus der *receptum*-Haftung nach D. 4, 9, 6 pr. auch den Passagieren zustehen, die unentgeltlich mitfahren. Doch können damit auch die gemeint sein, die statt des Fahrpreises Arbeiten an Bord verrichten (D. 4, 9, 7, 2; s. den Klammerzusatz auf S. 537 der Düsseldorfer Übersetzung).

[295] Es darf nicht bezweifelt werden, dass derjenige, welcher etwas zur Aufbewahrung aufnimmt, sich nicht allein des Diebstahls, sondern auch der Zufügung eines Schadens zu begeben scheine *(non enim dubitari oportet quin is, qui salvum fore recipit, non solum a furto, sed etiam a damno recipere videatur)*.

auszudehnen mit dem Ziel der oft, z.b. iRd *annona*[296], lebensnotwendigen Versorgung Roms, aber auch der Provinzen mit Waren aus Übersee und, damit einhergehend, Einkommen bei den Lieferanten.

[266] Dabei ging das Edikt vermutlich davon aus, dass typischerweise eine solche Erklärung abgegeben worden war, was in der Folge dazu geführt hatte, dass der Handelsverkehr darauf vertraut hatte und wahrscheinlich ein dementsprechender Handelsbrauch entstanden war, den der Prätor infolge der geschilderten Bedeutung des Seehandels für die Wirtschaft des *imperium Romanum*[297] als kodifiziertes Gesetzesrecht auch dort anwandte, wo der Befrachter eine solche konkludente Erklärung nicht nachweisen konnte. Es handelte sich letztlich um eine **Beweiserleichterung.** Außerdem ging es darum, dem Geschädigten einen leistungsfähigen und ihm bekannten Schuldner zu schaffen, während er die Mitglieder der Besatzung oder die anderen Passagiere weder kannte noch ein Bild von deren finanzieller Leistungsfähigkeit hatte. Ähnlich funktionieren heute Handelsbräuche nach *§ 346 HGB*, z.B. die *Hamburger freundschaftliche Arbitrage* oder die *Tegernseer Gebräuche* im Holzhandel[298].

[267] Man findet iRd *receptum*-Haftung einige Parallelen zur *actio exercitoria*[299]. Auf einem Schiff sind die Möglichkeiten eben begrenzt. Weder kann man sich den *magister navis* aussuchen, mit dem man den Transportvertrag oder andere das Schiff betreffende Verträge schließt, noch kann man im vorhinein wissen, ob auf dem Schiff Diebstähle oder Sachbeschädigungen geschehen. Man muss sich quasi auf Gedeih und Verderb dem Reeder ausliefern. Dies ist die *ratio legis* sowohl der *actio exercitoria* als auch der *receptum*-Haftung.

---

[296] S.o. Rdnr. 2.
[297] S.o. § 1.
[298] BAUMB/HOPT[35], § 346, Rdnr. 7, 15.
[299] D. 14, 1, 1 pr.

[268] *Problem: Gaius Aeppeltschus* geht in Narbo Martius mit 100 handgewebten Tuniken, die er nach Rom zu exportieren will, an Bord der „SENECA". Die Ware deponiert Caturix, der *magister navis,* in einem verschließbaren Fach des Schiffes, das *Gnaeus Schraubverschlus* gehört. Kurz vor Portus Ostiensis Augusti stellt *Aeppeltschus* fest, dass das Fach aufgebrochen ist und die Tuniken im Gesamtwert von 15 *aurei* entwendet wurden. Kann er Ersatz von *Schraubverschlus* oder Caturix fordern?

Problemstellung: Beide wenden ein, es habe weder ein *depositum,* ein Verwahrungsvertrag, vorgelegen noch sei eine rechtsgeschäftliche Nebenpflicht mit diesem Inhalt stipuliert worden, so dass also auch keine Haftung gegeben sei. Auch könne ihnen kein Verschulden nachgewiesen werden. Schließlich sei auch nicht bewiesen, dass der Diebstahl von einem Mitglied der Besatzung begangen worden sei.

[269] *Lösung:* Nach D. 4, 9, 1 pr. haben die **Befrachter Ansprüche** gegen die *nautae,* die **Reeder**[300], wenn sie ihnen etwas zur **Aufbewahrung** gegeben und dieses **nicht zurückerhalten** haben. Man nennt dies die *receptum*-**Haftung.** Ein gesonderter Verwahrungsvertrag ist hierfür *nicht* erforderlich. Der Sinn liegt darin, dass es für die Befrachter *unerlässlich* ist, auf die Zuverlässigkeit der Reeder und ihres Personals zu *vertrauen,* weil der Transportvertrag nun einmal begriffsnotwendig voraussetzt, dass das Gut in die Gewalt des Reeders oder seines *magister navis* kommt. Die Rechtfertigung sieht D. 4, 9, 1, 1 darin, dass es im Belieben des Reeders steht, ein Schiff zu betreiben und andernfalls den Reedern „Veranlassung gegeben werde[n], sich mit Dieben gegen diejenigen, welche sie bei sich aufnehmen, zu verbinden, zumal sie nicht einmal jetzt [*i.e.* nach Erlass des Edikts] sich solcher Betrüge-

---

[300] In diesem Digestentitel werden die Reeder nicht *exercitores,* sondern *nautae* genannt (D. 4, 9, 1, 2).

reien enthalten." Auch stehe es jedem frei, eine Reederei zu betreiben.

[270] Auf **Verschulden** kommt es dabei *nicht* an[301].

Auch die **gesonderte Stipulation** einer Nebenpflicht zur Verwahrung ist *nicht* erforderlich. Die Haftung ergibt sich *ipso iure* aus dem Abschluss des Transportvertrags.

[271] Und schließlich ist es *un*erheblich, dass der Diebstahl durch die Schiffbesatzung nicht bewiesen werden kann. Denn der Reeder haftet für *jeden* **Diebstahl**, auch den der Passagiere[302], so dass es unerheblich ist, wer den Diebstahl begangen hat, und es deshalb auch eines entsprechenden Nachweises nicht bedarf.

[272] Und der Clou zum Schluss: Die Klage geht auf das **Doppelte** des Verlustes[303]. Dies hat wohl rechtspolitische Gründe und soll die Verantwortlichen zu erhöhter Aufmerksamkeit und Sorgfalt veranlassen.

[273] *Ergebnis: Aeppeltschus* kann von *Schraubverschlus* 30 *aurei* fordern, nicht aber von Caturix, da die *receptum*-Haftung nur gegen den *nauta*, den Reeder, gerichtet ist.

3.) Handelnde, Verpflichtete

[274] *Abw. 1: Aeppeltschus* überlässt die Tuniken dem Ruderknecht Pamphilus oder dem Signalgeber Stichus bzw.

Abw. 2: dem Schiffswächter Wotan oder dem Kajütenaufseher Donar zur Einlagerung.

Abw. 3: In Abw. 1 ist die „SENECA" ein kleines Schiff ohne Schiffswächter oder Kajütenaufseher, so dass Stichus auf Weisung von *Schraubverschlus* deren Verrichtungen mitversorgen muss.

---

[301] D. 4, 9, 3, 1.

[302] D. 4, 9, 1, 8 *i.f.*; eod. 3 pr.

[303] D. 4, 9, 7, 1.

Problemstellung: Wie schon o. iRd *actio exercitoria* geht es auch hier darum, wer den Reeder verpflichten kann. Die **[275]** *Lösung* ergibt sich aus D. 4, 9, 1, zunächst § 2, wonach dem Reeder nicht durch den Ruderknecht oder Signalgeber eine Verpflichtung auferlegt werden soll *(Abw. 1),* sondern grds. nur durch eigens oder Handeln des *magister navis. Ausnahme:* Wenn er einen der **Matrosen** dazu *eingeteilt* hat, die Verwahrung fremder Sachen zu übernehmen *(Abw. 3).* - Sodann § 3, wonach die **Schiffswächter** und **Kajütenaufseher qua Amt** zur Verwahrung fremder Sachen auf den Schiffen berechtigt sind *(Abw. 2).* Wenn also einer von diesen Waren der Befrachter zur Verwahrung angenommen hat, so ist bei Verlust die Klage gegen den Reeder aus der *receptum-*Haftung gegeben, weil *derjenige, welcher solche Leute einem solchen Geschäftskreise vorsetzt, dadurch zugleich die Erlaubnis gibt, dass ihnen etwas anvertraut werde,* wie wenn auch der Reeder oder *magister navis* es selbst täte. Es ist dies hier eine frühe Form der **Anscheinsvollmacht.**

[276] *Ergebnis:* In *Abw. 1* hat *Aeppeltschus keine* Ansprüche gegen *Schraubverschlus* und bleibt auf seinem Schaden sitzen. - *Anders* in *Abw. 2 u. 3:* Hier kann er 30 *aurei* von dem Reeder fordern.

[277] *Abw. 4:* In Abw. 3 betreibt *Schraubverschlus* das Schiff gemeinsam mit *Bavaricus Giftimschampus.* Wen muss *Aeppeltschus* in Anspruch nehmen? Die Antwort liegt auf der Hand: Wenn **mehrere Reeder** ein Schiff führen, so wird **jeder** nach seinem **Anteil** in Anspruch genommen.

4.) Objekte

[278] *Abw. 5:* Nicht die Tuniken werden gestohlen, sondern eine wertvolle Toga des *Aeppeltschus* mit Purpurrand, in deren Taschen sich ein Brillantring befand, ferner ein Rasiermesser. Gesamtschaden: 12 *denarii.*

Problemstellung: Schraubverschlus meint, ihm seien iRd *receptum*-Haftung lediglich die Tuniken anvertraut, nicht aber persönliche Gegenstände der Passagiere. Schließlich würde für diese keine Fracht gezahlt. Stimmt das?

[279] *Lösung:* Nein. Denn wenn es im Edikt heißt: „WAS SIE FÜR IRGENDJEMANDEN ZUR AUFBEWAHRUNG AUFGENOMMEN HABEN", bedeutet das, welche *Sache oder Ware auch immer* sie aufgenommen haben. Daher ist das Edikt auch auf solche *Sachen* anwendbar, die *zu den Waren hinzukommen,* z.b. Kleidungsstücke und andere **Gegenstände des täglichen Gebrauchs,** deren man sich auf dem Schiffe bedient [304]. Darauf, dass für diese keine gesonderte Fracht berechnet wird, kommt es *nicht an* [305].

[280] *Ergebnis:* Da es sich bei der Toga um ein Kleidungsstück und bei dem Rasiermesser um einen Gegenstand des täglichen Gebrauchs handelt, kann *Aeppeltschus* von *Schraubverschlus* 24 *denarii* verlangen.

5.) Berechtigte, fremdes Eigentum, Zufall

[281] *Abw. 6:* Die Toga gehörte nicht *Gaius,* sondern seinem Bruder *Marcus Aeppeltschus.* Außerdem wird sie nicht gestohlen, sondern *Schraubverschlus* kann nachweisen, dass sie beim Überfall der Piratenbande *manus sanguinea* gestohlen wurde.

[282] Liest man die Textstelle des Edikts - WAS SIE ... ZUR AUFBEWAHRUNG AUFGENOMMEN HABEN - genau, so wird schnell klar, dass es *nicht* auf die *Eigentumslage* ankommt, *sondern auf die* **Verbringung durch einen Befrachter** bzw. Passagier, denn diesem ist der Gegenstand bei Beendigung der Fahrt auszu-

---

[304] D. 4, 9, 1, 6.
[305] D. 4, 9, 4, 2; eod. 5 pr.

händigen[306]. Wir haben es hier mit einer frühen Form der **Drittschadensliquidation** zu tun.

[283] Allerdings kann *Schraubverschlus* der Klage des *Aeppeltschus* mit der **Einrede** begegnen, dass der Verlust auf reinem **Zufall** beruhe, für den er *nicht* einzustehen hat[307].

[284] *Ergebnis: Gaius Aeppeltschus* könnte zwar auf den doppelten Wert der Toga gegen *Schraubverschlus* klagen, obwohl diese seinem Bruder *Marcus* gehört, aber da der Verlust erwiesenermaßen auf Zufall beruht, steht ihm keine Klage zu.

6.) Einbringung

[285] *Problem: Oleginus Olearius* plant, 25 Amphoren feinsten Olivenöls (Wert 5 *aurei*) von Augusta Urbs Iulia Gaditana in Baetica auf der „MELISSA ARTEMIS" des *Gnaeus Schraubverschlus* nach Burdigala zu verschiffen. Er wird mit *Schraubverschlus* einig, dass er die am Kai gelagerten Amphoren[308] auf der „MELISSA ARTEMIS" mitnimmt. Noch bevor der Kahn ablegt, werden sie gestohlen.

Problemstellung: Der Schadensersatzforderung von *Olearius* hält *Schraubverschlus* entgegen, die *receptum*-Haftung greife nur, wenn die Ware bereits *aufgenommen* worden, *receptum* eben, sei[309]. Ihm ist zuzugeben, dass dies Sinn macht, da er über das Schiff die vollständige Herrschaftsgewalt hat, während sich am Kai zwielichtiges Gesindel herumtreibt, das einen unbeobachteten Augenblick nutzen kann, um die Ware

---

[306] D. 4, 9, 1, 7 f.

[307] D. 4, 9, 3, 1 *i.f.*

[308] Sehr anschaulich https://www.klassischearchaeologie.phil.uni-erlangen.de/kreuzundquerausstellung_210128/transportamphoren/index-transportamphoren.html (07.02.2024).

[309] D. 4, 9, 1 pr.

an sich zu bringen. Hierfür kann man ihm schwerlich die Haftung aufbürden. Die

[286] *Lösung* ist strittig.

a) Zunächst D. 4, 9, 3 pr.: Wer die **Aufnahme** einmal **zugesagt** hat, den trifft **von da an die Gefahr**, auch wenn die Waren *noch nicht in das Schiff aufgenommen* worden, sondern **am Kai** verloren gegangen waren. D.h., der *nauta* haftet von da an auch für solche Diebstähle, die außerhalb seines Machtbereichs geschehen. Eine Haftung für sonstigen Zufall trifft ihn jedoch nicht.

[287] *b)* Dagegen jedoch D. 4, 9, 7 pr., wonach der Reeder nur dann ersatzpflichtig ist, wenn der Schaden **im Schiffe** selbst zugefügt worden ist. Sobald der Schaden *außerhalb des Schiffes,* wenn auch von der Schiffsbesatzung verursacht worden ist, muss er *keinen* Ersatz leisten.

[288] *Ergebnis:* Nach Meinung *a)* hat *Olearius* gegen *Schraubverschlus* einen Anspruch iHv 10 *aurei.* Nach Meinung *b) keinen.* Die Fracht muss er in beiden Fällen nicht bezahlen.

[289] Die gegenwärtige Rechtslage nach *§ 498 Abs. 1 HGB* korrespondiert eher mit dem Meinung *a):* Der Verfrachter haftet für den Schaden, der durch Verlust oder Beschädigung des Gutes in der Zeit von der Übernahme zur Beförderung bis zur Ablieferung entsteht.

7.) Verlust durch Zerstörung

[290] *Abw. 1:* Die Amphoren wurden weder am Kai noch im Schiff gestohlen, aber beim Stauen[310] durch die Sklaven Maxnix und Hastnix zerstört.

Problemstellung: Sicher ist der typische Fall der *receptum*-Haftung der Diebstahl. Aber natürlich vertraut der Befrachter auch darauf, dass seine Ware nicht beschädigt wird, sondern

---

[310] Beladen, s. § 486 Abs. 2 HGB u. https://de.wikipedia.org/wiki/Stauerei (08.02.2024).

wohlbehalten im Zielhafen anlangt, wo er sie verkaufen will.
Im Edikt heißt es: „WENN SCHIFFSREEDER ... DAS, WAS SIE FÜR IR-
GENDJEMANDEN ZUR AUFBEWAHRUNG AUFGENOMMEN HABEN, *NICHT
ZURÜCKGEBEN* ...[311]". Dies spricht dafür, dass auch sonstige
Schäden von der Ersatzpflicht erfasst werden.

[291] *Lösung:* Und in der Tat, so ist es. Die *receptum*-
Haftung ist nicht auf Diebstähle beschränkt. D.h., es kommt
nicht auf den Grund, sondern lediglich auf die Tatsache der
Nichtrückgabe an. D. 4, 9, 5, 1 erklärt die Vorschriften der
receptum-Haftung über Diebstähle auch auf **sonstige** Schäden
für anwendbar, da der Reeder mit der Übernahme der Waren
und sonstigen Gegenstände konkludent erklärt, auch für diese
einzustehen (dass derjenige, welcher etwas zur Aufbewahrung aufnimmt, sich nicht allein des Diebstahls, sondern auch
der [Zufügung] eines Schadens zu begeben scheine).
Ergebnis: Olearius hat sonach also gegen *Schraubverschlus*
einen Anspruch iHv 10 *aurei.*

8.) Haftung für Freie

[292] *Abw. 2:* Bei den Stauern handelt es sich um *Lucius
Weingenus* und *Marcus Überdrus.*
Problemstellung: Schraubverschlus wendet ein, während
Maxnix und Hastnix Sklaven, also Sachen, seien, seien *Lucius
Weingenus* und *Marcus Überdrus cives Romani,* freie Men-
schen, über die er keine Gewalt habe, so dass er für deren
Fehler auch nicht hafte. Dagegen spricht allerdings, dass die
receptum-Haftung dem Befrachter Beweisschwierigkeiten
ersparen will. Die
[293] *Lösung* ergibt sich aus D. 4, 9, 7 pr. Danach muss der
Reeder für Handlungen aller seiner Schiffsleute, sie seien
Freie oder Sklaven, Gewähr leisten. Dies wird als billig angesehen, da er selbst sie auf seine Gefahr in Dienst genommen

---

[311] D. 4, 9, 1 pr.

hat[312]. Dies wird auch durch den Charakter der *receptum*-Haftung als Beweiserleichterungsregel gestützt. Denn wenn der Befrachter daraus Ansprüche geltend machen kann, wenn er den Verursacher nicht namhaft machen kann, dann muss dies ebenso gelten, wenn er ihn benennen kann.

9.) Haftungsausschluss

[294] *Problem: Brutus Cliccoschampus* lädt auf der „VI-DUA CLICCONIA" des *Gaius Aeppeltschus* in Burdigala 200 Amphoren *vinum spumans Campaniae,* um sie nach Alexandria zu verschiffen. Beim Beladen weist *Aeppeltschus* allerdings darauf hin, dass *Cliccoschampus* für die Sicherheit der Ware selbst zu sorgen habe und er keine Haftung übernehme. Kaum hat der Kahn losgemacht, entdecken die Matrosen das kostbare Nass und besaufen sich hemmungslos. *Cliccoschampus* ist entrüstet und verlangt Schadensersatz, *Aeppeltschus* verweist auf den **Haftungsausschluss.** Die *Problemstellung* kristallisiert sich in der Frage, ob der Haftungsausschluss wirksam ist. Denn immerhin liegt der Sinn der *receptum*-Haftung darin, den Befrachter in seinem Vertrauen auf die Zuverlässigkeit der Reeder und ihres Personals zu schützen. Ohne dieses Vertrauen aber würde die Inanspruchnahme des Seehandels und damit eine wichtige Stütze der römischen Wirtschaft wesentlich eingeschränkt. Im deutschen AGB-Recht hat man immerhin umfangreiche Klauselverbote geschaffen, um die Sicherheit des Rechtsverkehrs zu gewährleisten. Doch [295] *D. 4, 9, 7 pr.* entscheidet anders und lässt den Haftungsausschluss zu. *Cliccoschampus* kann also von *Aeppeltschus nichts* verlangen und bleibt auf seinem Schaden sitzen.

---

[312] Ebenso D. 4, 9, 7, 4.

Auf Verluste, die Mitglieder der Schiffsbesatzung einander zugefügt haben, ist das Edikt nicht anzuwenden[313].

10.) Regress

[296] *Problem: Gaius Aeppeltschus* hat etliche Waren auf der „ANTONIUS ET CLEOPATRA" des *Utessessus Nautilus* geladen, die bei der Ankunft in Fossae Marianae[314] nicht aufgefunden werden können, so dass *Nautilus* das Doppelte[315] von deren Wert an *Aeppeltschus* auskehrt. Später stellt er fest, dass diese von *Cleptomania Furtiva* gestohlen wurden. Selbstverständlich hat er gegen diese den Regress[316].

---

[313] D. 4, 9, 7, 2.

[314] Fos sur Mer, s. https://de.wikipedia.org/wiki/Fos-sur-Mer#Geschichte (09.02.2024).

[315] D. 4, 9, 7, 1.

[316] D. 4, 9, 4 pr.; 47, 5, 1, 4.

§ 6 Vertragsrecht

[297] Die **Maßgeblichkeit vertraglicher Regelungen** für die Festlegung des Leistungsprogramms, eine an sich triviale Überlegung, die jedoch noch um Chr. Geb. herum nicht ganz so selbstverständlich war, wie sie uns heute scheint, beleuchtet folgendes

[298] *Problem: Gaius Aeppeltschus* verabredet mit *Brutus Cliccoschampus*, dass er dessen Sklavin Arethusa für 20 HS von Burdigala nach Augusta Urbs Iulia Gaditana[317] verschiffen soll. Doch unterwegs verstirbt die Sklavin. Kann *Aeppeltschus* noch die Fracht von *Cliccoschampus* fordern?

[299] *Problemstellung und Lösung* ergeben sich aus D. 14, 2, 10 pr.: Wenn du dein Schiff zu Sklavenfracht verdungen hast, so gebührt dir für eine Sklavin, die auf dem Schiffe stirbt, nach *Labeo* kein Frachtlohn. Doch *Paulus* meint: Vielmehr kommt es darauf an, wie gehandelt worden ist: ob die Fracht für die, welche eingeschifft, oder für die, welche anlangen würden, bezahlt werden sollte. Interessant ist die nun folgende Auslegungsregel: Wenn dies nicht ausgemittelt werden kann, so ist es für den Schiffer genug, wenn er beweist, dass die Sklavin eingeschifft worden ist. Der Grund dürfte darin zu sehen sein, dass die Einschiffung bereits mit Aufwand verbunden ist: Es muss ein Platz reserviert werden, der nicht an andere vergeben werden kann, Proviant muss bereit gehalten werden etc. Stirbt die Sklavin kurz vor Ende der Reise, so hat sie fast alle diese Leistungen in Anspruch genommen. Stirbt sie kurz nach Beginn, so ist der Aufwand kaum geringer. Denn der Platz kann nicht mehr an einen anderen vermietet werden. Deshalb entspricht die Entscheidung von *Julius Paulus* wirtschaftlicher Vernunft.

---

[317] Https://de.wikipedia.org/wiki/C%C3%A1diz#R%C3%B6mer:_Augusta_Urbs_Iulia_Gaditana (15.12.2023).

[300] WAGNER schreibt hierzu: Wenn eine zur Seebeförderung gegebene Sache untergeht, bevor der Schiffer den Bestimmungsort erreicht, so kommt es darauf an, ob ein Beförderungsvertrag oder eine Miete des Schiffs (Vollcharter) abgeschlossen worden war, i.e., ob es sich um eine *locatio operis faciendi* oder um eine *locatio rei* gehandelt hatte. Im ersten Fall sei das Ergebnis der Beförderung mit Rückgabe der Sache am Bestimmungsort geschuldet, ist also mit dem Untergang der Sache die Schulderfüllung unmöglich. Falls der Untergang unverschuldet ist, wird den Transportunternehmer keine Haftung treffen, wohl aber die Gefahr des Verlusts des erhofften Vorteils, weil ihm nun keine Gegenleistung geschuldet wird. Dagegen wird im zweiten Fall nur die Benutzung des gemieteten Schiffsraums geschuldet. Also wird mit dem Untergang der Sache keineswegs die geschuldete Leistung des Schiffers unmöglich, sondern nur der vom Absender erhoffte Vorteil vereitelt. Dieser ist trotzdem gehalten, die Gegenleistung zu erbringen; also trifft ihn die Gefahr.

Wiederum anders fiele die Lösung aus, wenn der Beförderer das Risiko des Untergangs auf sich genommen hätte, indem er die Unversehrtheit der Sache durch Garantie-Abrede *(receptum)* gewährleistet hätte. Dann hätten die Vertragsparteien das Maß der Vertragshaftung auf dieses Risiko erstreckt[318].

[301] Derartige Differenzierungen gewinnen auch Bedeutung iRd „unsterblichen *lex*"[319], die an folgendem

Problem dargestellt werden soll: Der *mango Lucius Musencus* beauftragt den *exercitor Gaius Aeppeltschus* damit, die beiden Sklavinnen Cleo und Patra von Alexandria nach Narbo Martius zu verschiffen. Ausdrücklich verabredet wird Transport auf der „MINERVA", und ausgeschlossen wird Transport auf der weniger sicheren „BANANA". Dennoch lädt *Aeppeltschus* die beiden Sklavinnen auf die „BANANA". In einem Sturm wird das Schiff zerstört, die beiden Sklavinnen kommen um[320].

---

[318] AaO (FN 28), S. 376.

[319] D. 14, 2, 10, 1. S.o., Rdnr. 57 ff

[320] S.a. o. Rdnr. 36.

Problemstellung: Zunächst scheint hier alles klar: Aus D. 14, 2, 10 pr. haben wir gelernt, dass die Verabredungen zwischen den Parteien das vertragliche Pflichtenprogramm festlegen. Demnach hat *Aeppeltschus* dagegen verstoßen, so dass er wegen rechtswidriger Eigentumsverletzung haftet. Gilt also *versanti in re illicita imputantur omnia, quae ex delicto sequuntur*[321]?

[302] *Lösung:* Dieser Meinung war in der Tat *Labeo:* Wenn du ein Schiff unter der Bedingung gemietet hast, dass deine Waren damit verschifft werden sollten, der Schiffer aber diese Waren, ohne dazu genötigt zu sein, und da er wusste, du wollest dies nicht, auf ein schlechteres Schiff umgeladen hat, und deine Waren mit diesem Schiffe untergegangen sind, mit welchem sie zuletzt gingen, so hast du gegen den ersten Schiffer die Klage aus dem Transportvertrag[322]. Doch *Paulus* trat dem scharfsinnig entgegen: Das Gegenteil aber gilt, wenn beide Schiffe auf dieser Fahrt untergegangen sind, sofern dies ohne bösen Willen und Fahrlässigkeit der Schiffsbesatzung geschehen ist[323]. *Paulus* geht zunächst davon aus, dass der Sachverhalt nicht vollständig ist und arbeitet heraus, dass das Entscheidende die Frage der Kausalität ist, deren Feststellung hier jedoch nicht möglich ist, da ein entscheidender Gesichtspunkt in der Stellungnahme von *Labeo* fehlt. Ob *Labeo* dies übersehen hat, lässt sich nicht sagen. Wahrscheinlicher ist, dass er eine Beweisregel aufstellen wollte, die die - auch heute noch komplizierte - Feststellung einer **alternativen Kausalität**[324] überflüssig macht. *Paulus* aber stellt sich dem Problem,

---

[321] Wer sich auf verbotenes Gebiet begibt, dem werden alle Folgen zugerechnet, die sich aus seinem unerlaubten Tun ergeben.

[322] D. 14, 2, 10, 1, S. 1.

[323] D. 14, 2, 10, 1, S. 2.

[324] Wenn WAGNER aaO (FN 28), S. 374 statt dessen auf überholende Kausalität abstellt, so ist dies schlicht falsch. Denn eine alternative Kausalität ist ein fiktiver Kausalverlauf, der, hätte er stattgefun-

zumindest für einen eindeutigen Fall: nämlich wenn beide Schiffe auf derselben Fahrt untergegangen sind. Dann soll der *versanti*-Grundsatz suspendiert werden. Dies entspricht wirtschaftlicher Vernunft. Denn andernfalls hätte der Befrachter durch den Vertragsbruch seines Frachtführers einen ungerechtfertigten Vorteil in Gestalt eines Schadensersatzanspruchs gegen diesen erlangt, der ihm versagt geblieben wäre, hätte dieser sich vertragskonform verhalten. Dies widerspräche der *bona fides*, der Billigkeit.

[303] *Ergebnis: Musencus* hat also wegen des Verlusts der Sklavinnen keinen Ersatzanspruch gegen *Aeppeltschus*.

[304] Gleichzeitig ergibt sich aus dieser Textstelle mE für das römische Recht die Anerkennung der im BGB früher sogenannten positiven Forderungsverletzung (pFV), heute **Pflichtverletzung iSd § 280 Abs. 1 S. 1 BGB:** Verletzt der Schuldner eine Pflicht aus dem Schuldverhältnis, so kann der Gläubiger Ersatz des hierdurch entstehenden Schadens verlangen. Denn wenn *nicht* beide Schiffe auf derselben Fahrt untergegangen sind, oder wenn die Zerstörung der Ware auf bösem Willen oder Fahrlässigkeit des Schiffsvolks geschehen sind, dann hat der Befrachter gegen den ersten Schiffer die Klage aus dem Transportvertrag. Rechtsgrund hierfür ist die Pflichtverletzung ifd abredewidrigen Umladens.

[305] Bemerkenswert ist noch die Bedingung, dass das Umladen „**ohne Not**" geschehen sein muss. Denn wenn ihn eine „Notlage" dazu zwingt, wird ebenfalls *nicht* gehaftet, nun aber nicht wegen des Einwands rechtmäßigen Alternativverhaltens, sondern weil ein **Rechtfertigungsgrund** vorliegt. Welche Gründe er anerkennt, beschreibt *Labeo* ab S. 3: Dasselbe

---

den, zum selben Ergebnis geführt hätte. Demgegenüber ist überholende Kausalität ein später einsetzender Kausalverlauf, der aber früher zum selben Ergebnis führt, zu dem auch der früher einsetzende geführt hätte, wäre er nicht von dem späteren überholt worden.

wird Rechtens sein, wenn der erste Schiffer *von Amts wegen zurückgehalten* und mit deinen Waren zu schiffen verhindert worden ist. Eben dasselbe wird auch in eben diesem gedachten[325] Falle zu beobachten sein, wenn *bewiesen* wird, dass der Schiffer durch *Krankheit* an der Fahrt behindert worden sei. Und dasselbe wird zu sagen sein, wenn sein *Schiff*, ohne bösen Willen oder Fahrlässigkeit von seiner Seite, *schadhaft* wird.

[306] Gerade in dem vorletzten Satz spiegelt sich der Vorläufer unserer Regelung in *§ 280 Abs. 1 S. 2 BGB*, wonach die Schadensersatzpflicht aus S. 1 *nicht* gilt, wenn der *Schuldner* *beweist*, dass er die Pflichtverletzung nicht zu vertreten hat[326].

[307] Ob die Pflichtverletzung/pFV ihre Wurzeln im RR hatte, stehe einmal dahin. Dafür spricht mehr als dagegen[327]. Jedenfalls aber hat der große Romanist MAX KASER nachgewiesen[328], dass bei einem sorgfältigeren Blick auf das RR der BGB-Gesetzgeber eine entsprechende Regelung dort gefunden hätte, fehlt es doch nicht an Belegen, aus denen eine Pflicht zum Ersatz von Schäden aus Schlechterfüllung oder aus Verletzung von Sorgfaltspflichten ersichtlich ist. Denn „schon bei den auf ein *incertum* gerichteten strengrechtlichen Verhältnissen ging die Verbindlichkeit auf ‚alles, was der Schuldner zu leisten schuldig ist'; eine Ersatzpflicht aus nicht ordnungsgemäßer Erfüllung war darin ohne Weiteres inbe-

---

[325] Gedacht = alternativ, nicht überholend!

[326] Ebenso schon der auf die pFV analog anwendbare § 282 aF BGB: „Ist streitig, ob die Unmöglichkeit der Leistung die Folge eines von dem Schuldner zu vertretenden Umstandes ist, so trifft die Beweislast den Schuldner."

[327] S. RGZ 106, 22, 25 („Baustellenfall"), wo die Verortung des Rechtsinstituts in BGB 276 aF, der die Fälle des *dolus* und der *culpa* aus dem römischen Recht übernommen hat, erfolgt.

[328] JuS 1967, 343 sub VII/1.

griffen. Erst recht gilt das für die Schuldverhältnisse, die nach Treu und Glauben (der *bona fides*) beurteilt werden[329]."

[308] KKL vertreten die weitgehend parallele Auffassung, der BGB-Gesetzgeber habe sich eben nicht nur an den strengrechtlichen *actiones* des RR, die nur Unmöglichkeit und Verzug kannten, sondern *auch* an den *bonae fidei iudicia* orientiert, die über die *culpa*-Haftung nicht nur einen Haftungs*maßstab*, sondern auch einen Haftungs*grund* für Pflichtverletzungen gaben. In diesem Sinne sei auch *§ 276 Abs. 1 S. 1 aF BGB*[330] zu verstehen gewesen[331]. So sah es auch *RGZ 106, 22, 25* im „Baustellenfall", wo hins. der *pFV* ausgeführt wurde, dass sie sich *un*mittelbar(!) aus *§ 276 aF BGB* ergebe, der „nicht die Aufstellung einer Regel bloß darüber [enthalte], welche Umstände dem Schuldner, sofern ihm durch anderweite gesetzliche Vorschriften eine Haftung irgendwelcher Art auferlegt ist, zuzurechnen sind, sondern den Ausspruch einer *Verpflichtung* des Schuldners *zum Schadensersatze* für vorsätzlich oder fahrlässig begangene *Verletzung von Vertragspflichten*[332]."

[309] Ich persönlich bin der Auffassung, dass - auf der Basis des römischen Rechts - *§ 276 Abs. 1 S. 1 aF BGB iZm § 242 BGB* gesehen werden musste, der den Schuldner ja verpflichtete, die Leistung so zu bewirken, wie Treu und Glauben mit Rücksicht auf die Verkehrssitte *(bona fides)* es erfordern (Haftungs*grund*). Soweit er dagegen verstieß, galt *BGB 276 Abs. 1 S. 1 aF:* Der Schuldner hatte Vorsatz und Fahrlässigkeit *(culpa und dolus)* zu vertreten (Haftungs*maßstab*). Es hätte sich dann bei *§ 242 BGB* um eine *lex imperfecta* gehandelt, die die

---

[329] S.a. KKL, Rdnr. 37.5.

[330] Text: „Der Schuldner hat, sofern nicht ein Anderes bestimmt ist, Vorsatz und Fahrlässigkeit zu vertreten"; also bedeutungsidentisch mit der gegenwärtigen Fassung.

[331] Rdnr. 37.6.

[332] Hervorh. v. mir.

Tür zur richterlichen Rechtsfortbildung aufstößt. Diese Tür schließt die Neufassung des *§ 280 Abs. 1 BGB* teilweise, indem er die Rechtsfolgen auf Ersatz des negativen Interesses verengt, während bis dahin auch Rücktritts-[333] und Kündigungsrechte[334] denkbar waren.

[310] Wie dem auch immer, „die von STAUB entdeckte Lücke des Leistungsstörungsrechts"[335] musste nicht geschlossen werden - es gab sie nicht.

[311] Die differenzierte wirtschaftliche Betrachtungsweise des *Julius Paulus* und die **Maßgeblichkeit der Abreden** für die vertraglichen Pflichten zeigen sich auch in nachfolgendem

Fall: Gaius Aeppeltschus hat ein Schiff mit zweitausend Amphoren Fassungsvermögen gemietet, und einige Amphoren darauf gebracht.

[312] *Problemstellung und Lösung:* Ist er die Fracht für zweitausend Amphoren schuldig? *Labeo*, der klaren und eindeutigen Lösungen zuneigt, bejaht dies. Anders *Paulus*, der wieder sachgerecht differenziert: Vielmehr, wenn das Schiff *im Ganzen* gemietet ist, so gebührt allerdings die Fracht für *zweitausend.* Wenn aber der Frachtlohn *nach der Zahl* der Amphoren bedungen ist, so gilt das Gegenteil. Denn dann bist du *nur für soviel* Amphoren schuldig, wie du *hineingebracht* hast[336].

---

[333] PALANDT[60], § 276, Rdnr. 106, 124.

[334] PALANDT[60], § 276, Rdnr. 127.

[335] PALANDT, § 280, Rdnr. 5.

[336] D. 14, 2, 10, 2.

Anhang (Rechtsquellen)

Dig. 14. BUCH.

Erster Titel.
DE EXERCITORIA ACTIONE
(Von der Reederklage)

1.) pr. **pr.** Dass der Nutzen dieses Edikts offenbar ist, weiß jedermann. Denn da man oft aus Bedürfnis der Schifffahrt mit Schiffern Verträge schließt, ohne zu wissen, in welchen Verhältnissen und wer sie seien, so war es billig, dass derjenige, der den Schiffer angestellt hat, gehalten wäre, so wie derjenige gehalten ist, der einen Factor in einem Kaufladen oder zu einem Geschäfte angestellt hat. Denn man ist noch mehr in der Notwendigkeit, mit dem Schiffer zu kontrahieren, als mit dem Factor, weil die Umstände [gewöhnlich] gestatten, die Verhältnisse des Factors zu untersuchen und dann mit ihm abzuschließen, nicht so hingegen beim Schiffer, bei welchem bisweilen Ort und Zeit eine reifere Überlegung nicht zulassen.

§ 1 Unter dem Schiffer oder Kapitän (magister navis) ist derjenige zu verstehen, dem die Sorge für das ganze Schiff anvertraut ist.

§ 2 Ist aber mit irgendeinem aus dem Schiffsvolke kontrahiert worden, so wird keine Klage gegen den Reeder gestattet, obwohl aus dem Vergehen eines jeden von denen, die um der Schifffahrt willen auf dem Schiffe sind, eine Klage gegen den Reeder bewilligt wird. Denn ein anderes Verhältnis findet bei Verträgen, ein anderes bei Vergehen statt. Wer nämlich einen Schiffer anstellt, der gestattet, dass mit ihm kontrahiert werde. Wer Schiffsmannschaft gebraucht, der gestattet nicht, mit ihnen zu kontrahieren, muss aber dafür sorgen, dass selbige nicht böswillig oder nachlässig handeln.

§ 3 Schiffer werden übrigens angestellt, Schiffe, es sei zur Güterfracht oder an Passagiere, zu verdingen, oder zum Einkaufe des Takelwerks. Wenn aber einer auch zum Einkaufe und Verkaufe von Waren angestellt ist, so verpflichtet er auch in dieser Beziehung den Reeder.

§ 4 Von welchem Stande aber dieser Schiffer sei, ob frei, ob Sklave, und im letzteren Fall ob des Reeders oder eines anderen, darauf kommt nichts an, ja auch nicht einmal darauf, wie alt er ist, indem derjenige, der ihn angestellt, sich es selbst zuzuschreiben hat.

§ 5 Unter dem Schiffer versteht man nicht bloß einen vom Reeder, sondern auch einen vom Schiffer Angestellten. So hat Julianus auf Anfragen gegutachtet, da der Reeder nichts gewusst hatte. Wenn er übrigens es weiß und zulässt, dass derselbe auf dem Schiffe den Schifferposten versehe, so ist er anzusehen, als ob er ihn selbst angestellt hätte. Diese Meinung scheint mir beifallswert. Denn für alle Handlungen eines Schiffers muss derjenige haften, der ihn angestellt hat. Sonst würden die [mit ihm] Kontrahierenden getäuscht, und es ist dies, des Nutzens wegen, beim Schiffer eher zuzulassen als beim Factor. Wie aber, wenn er ihn mit der Vorschrift angestellt hat, dass er keinen anderen bestellen dürfe? So ist zu untersuchen, ob wir auch dann der Meinung des Julianus beistimmen mögen. Man nehme nämlich auch an, dass er namentlich verboten habe, sich nicht des Titius als Schiffers zu bedienen. Dennoch wird man sagen müssen, dass der Vorteil der Schiffenden so weit auszudehnen sei.

§ 6 Unter Schiff ist zu verstehen sowohl ein Seeschiff als ein Flussschiff oder was auf einem See fährt oder auch ein Floss.

§ 7 Der Prätor gibt jedoch nicht aus jedem Grunde eine Klage gegen den Reeder, sondern wegen einer solchen Sache, der er [der Schiffer] vorgesetzt ist, d.h. wenn er zu dieser Sache angestellt ist, z.B. wenn das Schiff zur Güterfracht verdungen worden, oder er Dinge, die auf der Fahrt dienlich sind, gekauft oder der Ausbesserung des Schiffs wegen etwas kontrahiert oder aufgewendet worden oder die Mannschaft wegen ihrer Dienste Ansprüche macht.

§ 8 Wie, wenn er ein Darlehen aufnimmt, ist dies als dieser Angelegenheit wegen geschehen zu betrachtet!? Pegasus glaubt, wenn er zum Vorteil eines Geschäfts, dem er vorgesetzt ist, geborgt habe, so sei die Klage zu gestatten, welche Meinung ich für richtig halte. Denn wie wenn er zur Ausrüstung und Einrichtung des Schiffs oder zum Unterhalt der Schiffsmannschaft geborgt hat?

§ 9 Daher fragt *Ofilius*, wenn er das zu Ausbesserung des Schiffs aufgenommene Geld in seinen Nutzen verwende, ob dann gegen den Reeder die Klage zu gestatten sei? und sagt: wenn er es zu dem Behufe empfangen habe, um es auf das Schiff zu wenden und nachher sich anders besinne, so sei der Reeder verbindlich, da er sich selbst zuschreiben müsse, einen solchen Menschen angestellt zu haben. Wenn er aber von Anfang den Gläubiger zu hintergehen beabsichtigt und nicht ausdrücklich erwähnt hat, dass er zum Besten des Schiffes geborgt habe, finde das Gegenteil statt, welchen Unterschied *Pedius* billigt.

§ 10 Aber auch wenn der Schiffer bei den Preisen der eingekauften Dinge Betrug gemacht hat, wird der Reeder und nicht der Gläubiger den Schaden zu tragen haben.

§ 11 Wenn er von einem anderen borgt und so den, der zu Ausbesserung des Schiffes dargeliehen hat, befriedigt, so glaube ich, dass auch jenem die Klage zu bewilligen sei, gleich als ob er zum Besten des Schiffs vorgeschossen hätte.

§ 12 Die Art der Anstellung also dient den Kontrahenten als bestimmende Norm. Wenn daher der Reeder den Schiffer bloß dazu beim Schiffe angestellt hat, um den Frachtlohn zu erheben, nicht um es zu verdingen, vielleicht weil er es selbst verdungen hatte, so wird er nicht gehalten sein, wenn derselbe es verdingt. Oder wenn bloß zum Verdingen und nicht zum

Einkassieren, so gilt [umgekehrt] dasselbe. Oder wenn dazu, dass er es an Passagiere verdinge, nicht aber, dass er es zur Güterfracht hergebe, oder umgekehrt, so wird er, wenn er diese Grenzen überschreitet, den Reeder nicht verpflichten. Aber auch, wenn er angestellt ist, um es zur Fracht von gewissen Gütern zu verdingen, zum Beispiel Hülsenfrüchten, oder Hanf, und es zu Marmor oder anderen Baustoffen verdingt, wird keine Verbindlichkeit anzunehmen sein. Denn einige Schiffe sind Lastschiffe, andere aber, wie die Schiffer es nennen, <griech.> [bestimmt, Passagiere zu führen], und ich weiß, dass die meisten vorschreiben, keine Passagiere einzunehmen, und in einer gewissen Gegend oder einem gewissen Meere Geschäfte zu machen; wie es Schiffe gibt, die von Cassiopa oder Dyrrachium nach Brundisium Passagiere überfahren und zur Güterfracht untüchtig sind. So sind auch einige in einem Strome tauglich, die nicht See halten können.

§ 13 Wenn mehrere Schiffer mit ungeteilten Geschäften angestellt sind, so verpflichtet den Reeder alles, was mit einem derselben gehandelt wird, wenn sie geteilte Geschäfte haben, zum Beispiel der eine das Verdingen, der andere das Einkassieren, so wird der wieder so weit durch sie verpflichtet werden, als eines jeden Geschäfte gehen.

§ 14 Auch wird, wenn er sie so angestellt hat, wie es meistens geschieht, dass keiner ohne den anderen etwas tun solle, derjenige, der nur mit einem kontrahiert, es sich selbst zuzuschreiben haben.

§ 15 Reeder oder Schiffsherr (exercitor) heißt der, dem alle Nutzungen und Einkünfte gehören, er mag nun Eigentümer des Schiffes sein oder es von dem Eigentümer im Ganzen gepachtet haben, es sei auf Zeit oder auf immer.

§ 16 Es kommt übrigens wenig darauf an, ob der Reeder eine Mannsperson ist oder ein Frauenzimmer, ein Hausvater, ein Haussohn oder ein Sklave; wenn aber ein Unmündiger Reeder ist, so wird die Autorität des Vormunds nötig sein.

§ 17 Man hat übrigens die Wahl, ob man den Reeder oder den Schiffer belangen will.

§ 18 Gegenseitig aber wird dem Reeder gegen diejenigen, die mit dem Schiffer kontrahiert haben, keine Klage versprochen, weil er nicht derselben Hilfe bedurfte. Sondern er kann den Schiffer entweder, wenn er ihm um Lohn dient, mit der Mietklage, oder wenn unentgeltlich, mit der Auftragsklage belangen. Indessen pflegen die Präfekten zu Beförderung der Getreidezufuhr und die Statthalter in den Provinzen, den Reedern auf Grund der Verträge der Schiffer außerordentlichen Beistand zu gewähren.

§ 19 Wenn der Reeder in der Gewalt eines anderen steht und mit dessen Willen die Reederei treibt, so wird wegen dessen, was mit seinem Schiffer gehandelt worden, wider den, in dessen Gewalt der Reeder steht, die Klage gestattet.

§ 20 Obwohl aber wider den, in dessen Gewalt der Reeder steht, die Klage bewilligt wird, so wird sie doch nur dann zugelassen, wenn er mit dessen Willen das Reedergeschäft treibt.

Es können aber diejenigen, die die [väterliche oder Herren-] Gewalt über den Reeder haben, ihrer Einwilligung halber deswegen aufs Ganze belangt werden, weil die Reederei mit den wichtigsten Angelegenheiten des Staats in Beziehung steht.

Die Factoren hingegen sind nicht eben so nützlich. Daher haben diejenigen, welche mit einem kontrahiert haben, der mit Wissen seines Herrn mit Waren, die zu seinem Sondergut gehören, handelt, sich mit dem Herrn nur zu teilen.

Wenn aber bloß mit Wissen, nicht auch mit Willen des Herrn mit dem Schiffer kontrahiert worden ist, soll man da, als ob er es gewollt, aufs Ganze oder nur nach Art der tributorischen eine Klage geben? In solchem Zweifel ist es besser, sich streng an die Worte des Edikts zu halten, und weder bei Schiffen dem Vater oder Herrn das bloße nackte Wissen zur

Last zu legen noch bei Sondergutswaren selbst dem Willen die Wirkung der Verbindlichkeit zum Ganzen beizulegen. Und dies scheint auch Pomponius anzudeuten, indem er sagt, wenn einer, in Gewalt eines anderen stehend, mit dessen Willen handle, so werde dieser aufs Ganze verbindlich, wo nicht, nur nach dem Betrage des Sondergutes.

§ 21 Unter denen, die in Gewalt stehen, sind Personen beiderlei Geschlechts gemeint, Söhne und Töchter, Sklaven und Sklavinnen.

§ 22 Wenn aber ein zum Sondergut gehöriger Sklave mit Willen des Haussohns, zu dessen Sondergut er gehört, oder eines Sklaven, als dessen Stellvertreter den Reeder macht, so ist der Vater oder Herr, der seinen Willen dazu nicht gegeben hat, nur so weit das Sondergut reicht, der Sohn selbst aber aufs Ganze verbindlich. Indessen wenn dieselben dies mit Willen des Herrn oder Vaters tun, so wird dieser aufs Ganze gehalten, und außerdem auch der Sohn, wenn er ebenfalls seinen Willen dazu gegeben, fürs Ganze verbindlich sein.

§ 23 Obwohl aber der Prätor die Klage nur für den Fall verspricht, wenn mit dem Schiffer gehandelt worden, so ist doch, wie auch Julianus schreibt, auch wenn mit dem Reeder selbst kontrahiert worden ist, dessen Vater oder Herr fürs Ganze verpflichtet.

§ 24 Diese Klage wird gegen den Reeder von wegen des Schiffers gegeben, und daher kann, wenn einer von beiden schon belangt worden, der andere nicht verklagt werden. Wenn aber etwas bezahlt worden ist, und zwar vom Schiffer, so vermindert sich die Verbindlichkeit von selbst. Wenn es aber auch vom Reeder geschieht, er mag nun in eignem Namen, nämlich seiner prätorischen Verbindlichkeit wegen, oder im Namen des Schiffers zahlen, so wird die Verbindlichkeit vermindert, weil auch ein anderer mich befreit, indem er für mich bezahlt.

§ 25 Wenn mehrere Reeder eines Schiffes sind, so kann gegen jeden derselben aufs Ganze geklagt werden, ...

2.) ... damit nicht, wer mit einem kontrahiert hat, seine Ansprüche unter mehrere Gegner teilen müsse.

3.) Und es tut nichts zur Sache, welchen Anteil jeder am Schiffe habe. Derjenige, der bezahlt hat, kann mittels der Gesellschaftsklage sich an die anderen halten.

4.) pr. Wenn jedoch mehrere Reeder das Schiff selbst führen, so sind sie nach ihren Reederanteilen zu belangen. Denn es ist nicht einer als des anderen Schiffer anzusehen.

§ 1 Bestellen aber mehrere Reeder einen aus ihrer Zahl zum Schiffer, so werden sie von wegen desselben aufs Ganze zu belangen sein.

§ 2 Wenn hingegen ein mehreren gehöriger Sklave mit ihrem Willen Reeder ist, so ist dasselbe anzunehmen, wie bei mehreren Reedern. Falls er es nach dem Willen eines einzigen von ihnen ist, so wird dieser allerdings auf das Ganze verbindlich sein, und daher glaube ich, dass auch im obigen Falle alle auf das Ganze haften.

§ 3 Ist ein Sklave, der mit Willen seines Herrn Reeder gewesen ist, veräußert worden, so wird derjenige, der ihn veräußert hat, doch verbindlich sein. Daher wird er auch haften, wenn der Sklave stirbt, denn auch nach dem Tode des Schiffers ist er verpflichtet.

§ 4 Diese Klagen sind unverjährbar sowohl den Erben als gegen die Erben zu gestatten. Daher wird auch, wenn ein Sklave stirbt, der mit Willen des Herrn Reeder gewesen, noch nach Ablauf des Jahres diese Klage zugelassen, obgleich die Sondergutsklage nach dem Jahre nicht mehr bewilligt wird.

5.) pr. Wenn du einen, der in meiner Gewalt steht, zum Schiffer hast, so steht auch mir die Klage gegen dich zu, wenn ich mit ihm kontrahiert habe. Dasselbe gilt, wenn es ein uns gemeinschaftlicher Sklave ist, doch wirst du die Mietklage *[ex locato]* gegen mich haben, insofern du die Dienste meines Sklaven gemietet hast, weil du, auch wenn er mit einem anderen kontrahiert hätte, gegen mich würdest klagen können, dass ich die Klagen, die ich aus diesem Grunde hatte, dir abträte, so wie du einen Freien, wenn du ihn gedungen hättest, belangen könntest. Wären aber die Dienste unentgeltlich gewesen, so würdest du die Auftragsklage haben.

§ 1 So auch, wenn mein Sklave Reeder ist und ich mit seinem Schiffer kontrahiere, hindert mich nichts, wider den Schiffer die Klage anzustellen, die mir nach dem Zivil- oder dem prätorischen Rechte zusteht. Denn auch jedem anderen steht dieses Edikt nicht im Wege, wider den Schiffer zu klagen, da durch dasselbe die Klage nicht übertragen sondern eine hinzugetan wird.

§ 2 Wenn einer von diesen Reedern mit dem Schiffer kontrahiert, so kann er wider die anderen Reeder klagen.

6.) pr. Wenn ein Sklave, nicht mit Willen seines Herrn, Reeder ist, so wird, falls er es mit Wissen desselben ist, die quasi-tributorische, falls ohne dessen Wissen, die Sondergutsklage gestattet.

§ 1 Wenn ein gemeinschaftlicher Sklave mit Willen seiner Herren Schiffsreeder ist, so wird gegen einen jeden die Klage aufs Ganze zu geben sein.

7.) pr. Lucius Titius hat den Stichus als Schiffer angestellt, dieser hat Geld aufgenommen und dabei verbrieft, dass er es zur Ausbesserung des Schiffes empfangen habe. Nun ist gefragt worden, ob Titius nicht anders mit der Reederklage belangt werden könne, als wenn der Gläubiger bewiesen, dass das Geld auf Ausbesserung des Schiffs verwendet worden sei? [Africanus] hat geantwortet, der Gläubiger werde mit Erfolg klagen, wenn, als das Geld dargeliehen wurde, das Schiff in solchem Zustande gewesen, dass es hatte ausgebessert werden müssen. Denn so wie der Gläubiger nicht dazu genötigt werden darf, selbst die Ausbesserung des Schiffs zu besorgen — was doch die Folge sein würde, wenn er die Verwendung des Geldes auf die Ausbesserung beweisen müsste — so müsse man doch das von ihm verlangen, dass er wisse, er leihe dazu, wozu jener, als Schiffer, angestellt ist, was allerdings nicht anders möglich ist, als wenn er auch das weiß, ob das Geld zur Ausbesserung nötig sei. Daher, wenn auch das Schiff in dem Zustande war, dass es Ausbesserung bedurfte, gleichwohl aber vielmehr Geld vorgeschossen worden ist, als hierzu nötig war, so dürfe gegen den Schiffsherrn nicht die Klage aufs Ganze zugelassen werden.

§ 1 Bisweilen sei auch dieses in Betracht zu ziehen, ob das Geld an einem Orte dargeliehen worden ist, wo dasjenige, weshalb es dargeliehen wurde, angeschafft werden konnte. Denn wie, sagt er, wenn jemand Geld zum Einkaufe eines Segels vorschießt, auf einer Insel, wo gar keine Segel zu kaufen sind? Überhaupt liege dem Gläubiger dabei einige Vorsicht ob, wofür er haften müsse.

§ 2 Ziemlich dasselbe, sagt er, gelte, wenn von der Factorklage die Frage sei. Denn auch da müsse der Gläubiger wissen, dass der Ankauf der Ware, welche zu kaufen ein Sklave angestellt ist, notwendig sei, und es sei hinlänglich, wenn er hiernach das Geld geliehen habe. Denn das könne ihm nicht zugemutet werden, selbst darum sich zu kümmern, ob das Geld darauf werde gewendet werden.

Zweiter Titel.
DE LEGE RHODIA DE IACTU

1.) Durch das Rhodische Gesetz ist bestimmt, dass, wenn zu Erleichterung eines Schiffs Waren ausgeworfen worden sind, durch Beiträge aller ersetzt werde, was für alle hingegeben worden ist.

2.) pr. (1) Wenn, da das Schiff Not litt, Seewurf geschehen ist, so müssen die Eigentümer der aufgeopferten Waren, falls sie die Waren zur Fracht verdungen hatten, die Mietklage *(ex locato)* gegen den Schiffer anstellen. (2) Dieser kann sodann die Übrigen, deren Waren erhalten worden, mit der Vermieterklage (ex conducto) belangen, damit der Schaden verhältnismäßig übertragen werde. (3) *Servius* hat zwar gegutachtet, man müsse die Mietklage gegen den Schiffer darauf richten, dass er die Waren der übrigen Reisenden zurückhalte, bis sie ihren Anteil zur Entschädigung leisten. (4) Wenn aber der Schiffer auch die Waren nicht zurückhält, so wird er doch an sich schon die Vermieterklage gegen die Reisenden haben. (5) Denn wie wenn darunter einige sind, die kein Gepäck haben? (6) Indessen ist es dienlicher, wenn dergleichen da ist, es zurückzuhalten. (7) Wo nicht, so wird einer, der das ganze Schiff gemietet hat, die Mieterklage (ex conducto) haben[337], so wie die Passagiere, die Plätze auf dem Schiffe gemietet haben. (8)

---

[337] I.O.: *At si non totam navem conduxerit, ex conducto aget.* ME richtige Übers. daher: „Wenn nicht, wird er (der *magister navis*) einen, der das ganze Schiff gemietet (und keine Waren transportiert) hat, mit der Klage aus dem Transportvertrag in Anspruch nehmen." Da die Düsseldorfer für Miet-, Werk- und Dienstvertrag die Begriffe Miet- und Vermieterklage verwenden, hätten sie hier zum einen „Vermieterklage" schreiben müssen. Zum anderen ist mE der Ausdruck „hat" falsch. Dies trifft nämlich nur auf den *magister navis* zu. Geht man von dem Schiffsmieter aus, so ist er der „Mieterklage", i.O. *„ex conducto"* , also besser: der Klage des Transportunternehmers, *ausgesetzt.*

Denn es ist höchst billig, dass der Schaden von denen gemeinsam getragen werde, die durch Aufopferung des Eigentums anderer die Rettung ihrer eigenen Waren erlangt haben.

§ 1 Wenn die Güterladung erhalten, das Schiff aber beschädigt worden ist oder vom Takelwerk etwas verloren hat, so ist kein Beitrag zu geben, weil es sich mit den Sachen, die des Schiffes wegen angeschafft werden, ganz anders verhält, als mit denen, wofür Fracht bezahlt worden ist. Denn auch wenn ein Schmied seinen Amboss oder Hammer zerschlägt, kann dies nicht dem angerechnet werden, der die Arbeit ihm verdungen hat. Wenn aber jener Schaden mit Willen der Schiffenden oder aus Furcht vor irgendeiner Gefahr verhängt worden ist, so muss derselbe ersetzt werden.

§ 2 (1) Ein Schiff, in welchem viele Kaufleute verschiedene Arten von Waren verladen hatten und zugleich außerdem viele Passagiere, Sklaven sowohl als Freie, fuhren, hatte bei einem schweren Sturme notgedrungen Waren über Bord geworfen. (2) Darauf wurde gefragt, ob alle den Seewurf übertragen müssten, auch diejenigen, die Waren in das Schiff gebracht, wodurch es nicht belastet wurde, wie Edelsteine und Perlen und welcher Anteil zu tragen sei und ob auch für die freien Menschen etwas gegeben werden müsse und mit welcher Klage diese Sache ausgemacht werden könne. (3) Man fand für gut, dass alle, zu deren Vorteil der Seewurf gereicht, beitragen müssten, weil sie zu solchem Beitrag wegen Rettung ihrer Sachen verbunden seien. (4) Daher sei auch der Eigentümer des Schiffes anteilig dazu verbunden. (5) Der Betrag des Verlustes muss nach dem Werte der Sachen verteilt werden. (6) Freie Menschen können nicht geschätzt werden. (7) Die Eigentümer der über Bord geworfenen Sachen werden gegen den Schiffer *(nauta)*, das heißt, gegen den *magister navis* die Mietklage haben. (8) So ist auch in Anregung gebracht worden, ob auch die Kleider und die Fingerringe eines jeden mit zu berechnen seien? (9) Und man hat erachtet, es sei alles zu berechnen, es wäre denn dies und jenes geladen worden, um verzehrt zu werden, wohin Lebensmittel gehören, um so mehr, weil, wenn diese auf der Fahrt einmal mangelten, jeder soviel als er hätte, zum gemeinsamen Gebrauch hergeben würde.

§ 3 Wenn ein Schiff von Seeräubern losgekauft wird, so sagen *Servius, Ofilius, Labeo*: Es müssen alle beitragen, was aber die Seeräuber rauben, verliere der, dem es gehört, auch sei zum Besten von jemandem, der seine eigenen Waren losgekauft habe, nichts zu übertragen.

§ 4 Der Beitrag wird übrigens nach dem Werte der geretteten und der ausgeworfenen Sachen zusammen geleistet, und es tut zur Sache nichts, wenn die ausgeworfenen teurer zu verkaufen sein würden, weil nur der Schaden, nicht der [eingebüßte] Gewinn ersetzt wird. Diejenigen Sachen aber, wegen derer beizutragen ist, müssen nicht wie sie eingekauft, sondern wie sie zu verkaufen sind, geschätzt werden.

§ 5 Auch die Sklaven, die im Meere umgekommen sind, werden eben so wenig in Anschlag gebracht, als wenn welche im Schiffe an Krankheit gestorben sind oder sich hinabgestürzt haben.

§ 6 Wenn jemand unter den Reisenden nicht zahlungsfähig ist, so hat der *magister navis* diesen Schaden nicht zu tragen. Denn ein Schiffer braucht nicht das Vermögen eines jeden zu untersuchen.

§ 7 Wenn ausgeworfene Dinge wieder zum Vorschein kommen, so fällt die Übertragung weg; sind die Beiträge schon gegeben, so können diejenigen, die bezahlt haben, die Mietklage gegen den Schiffer anstellen, damit er die Vermieterklage erhebe und was er eintreiben werde, zurückgebe.

§ 8 Eine ausgeworfene Sache bleibt übrigens im Eigentum ihres Herrn und gehört nicht dem Finder, da sie nicht für verlassen geachtet wird.

3.) Wenn der Mast oder sonst etwas vom Takelwerk zu Vermeidung gemeinsamer Gefahr gekappt wird, so muss der Schaden übertragen werden.

4.) pr. Wenn Waren zu Erleichterung eines beladenen Schiffes, weil es mit der Ladung nicht in einen Fluss oder Hafen einlaufen konnte, in ein Boot gebracht werden, damit das Schiff nicht, entweder außerhalb des Flusses oder in der Mündung oder dem Hafen selbst in Gefahr komme, und nun dieses Boot untergeht, so müssen die, deren Waren auf dem Schiffe geborgen sind, mit denen, welche die ihrigen im Boote verloren haben, sich eben so berechnen, als ob dieselben über Bord geworfen worden wären; und dies billigt auch Sabinus in zweiten Buch der Responsa. Hingegen wenn das Boot mit einem Teile der Waren geborgen, das Schiff aber untergegangen ist, so können die, so im Schiff etwas verloren haben, nichts berechnen, weil der Seewurf [nur] dann verteilt wird, wenn das Schiff gerettet ist.

§ 1 Dass aber, wenn ein Schiff, das durch Auswerfen der Waren eines Kaufmanns erleichtert worden ist, an einem anderen Orte untergeht, und die Waren einiger Kaufleute durch Taucher gegen Lohn geborgen worden sind, diejenigen, die in der Folge das Ihrige durch die Taucher gerettet haben, mit dem, dessen Waren während der Fahrt zu Erleichterung des Schiffs ausgeworfen worden sind, sich berechnen müssen, hat ebenfalls Sabinus gegutachtet. Dagegen brauche der, welcher auf der Fahrt den Seewurf gemacht hat, jenen, die solchergestalt etwas gerettet haben, deshalb, weil etwa einiges von seinen Waren durch Taucher geborgen worden ist, nichts zu vergüten, denn die Waren jener können nicht als zur Rettung des Schiffs geworfen gelten, da dieses untergegangen ist.

§ 2 Wenn aber aus einem Schiffe ein Seewurf geschehen ist, und jemandes Waren, die im Schiffe geblieben, beschädigt worden sind, so ist zu untersuchen, ob er zu einem Beitrag anzuhalten sei, da ihm nicht doppelter Schaden aufgebürdet werden kann, der des Beitrags und der der Verschlechterung seiner Waren. Es ist aber zu billigen, dass dieser nach dem gegenwärtigen Wert der Waren beitragen müsse, also z. B. wenn die Waren eines jeden von Zweien Zwanzig wert gewesen und die des einen durch Bespülung der Wogen auf den Wert von Zehn gesunken sind, so hat jener, dessen Waren unversehrt geblieben, nach Verhältnis von Zwanzig beizutragen, dieser von Zehn. Man kann jedoch auch so urteilen, dass man unterscheidet, durch welche Ursache die Waren beschädigt worden sind, das heißt, ob der Schaden entstanden ist, weil die Sachen durch Wegnahme der ausgeworfenen bloßgelegt worden sind, oder aus einer anderen Ursache, wie wenn sie anderwärts in irgendeinem Winkel lagen und das Wasser eingedrungen ist. Denn dann wird er beitragen müssen. Aber wird er im erstem Falle von der Beitragslast frei zu lassen sein, weil der Seewurf auch ihm geschadet hat ? Ferner : muss er etwas tragen, wenn auch durch Anspülung in Folge des Seewurfs die Waren schlechter geworden sind? Man muss nun genau unterscheiden, ob der Schaden oder der Beitrag mehr ausmache; z.B. es seien die Sachen Zwanzig wert gewesen und die Verteilung ergebe Zehn, der Schaden aber betrage Zwei : so muss er nach Abzug dieses erlittenen Schadens das Übrige beitragen. Wie nun, wenn der Schaden mehr ausmacht, als der Beitrag; z.B. es seien die Waren um zehn Goldstücke verschlechtert und der Beitrag bestehe in zweien? Ohne Zweifel darf er nicht beides tragen. Hier ist aber zu untersuchen, ob ihm nicht selbst eine Entschädigung gebühre. Denn was ist dazwischen für ein Unterschied, ob ich das Meinige durch den Wurf verloren, oder, weil es bloßgelegt worden, an dessen Wert eingebüßt habe? Sowie dem, der um das Seinige ganz gekommen ist, geholfen wird, so muss auch dem geholfen werden, dessen Waren aus Anlass des Wurfs schlechter geworden sind; dies hat *Papirius Fronto* so gegutachtet.

5.) pr. Der Verlust des Schiffes wird von denjenigen, die ihre Waren aus dem Schiffbruche geborgen haben, nicht durch gemeinschaftliche Beiträge ersetzt. Denn diese werden nur dann für gerecht erachtet, wenn der Seewurf in gemeinsamer Gefahr, bei gerettetem Schiffe, den Übrigen genutzt hat.

§ 1 Wenn der Mast gekappt wird, damit das Schiff samt den Gütern gerettet werden könne, so wird die Verteilung als gerecht stattfinden.

6.) Ein Schiff war, nachdem es im Sturme Not gelitten hatte, und ihm durch Einschlagen des Blitzes Tauwerk, Mast und Raa verbrannt war, zu Hippo eingelaufen. Dort mit notdürftigem Takelwerk für den Augenblick versehen, steuerte es nach Ostia und brachte seine ganze Ladung mit. Nun wurde gefragt, ob die, denen die Ladung gehörte, dem Schiffer seines Schadens wegen beitragen müssten? Er antwortete : Nein, denn dieser Aufwand ist mehr zu Ausrüstung des Schiffes, als zu Erhaltung der Güter, gemacht worden.

7.) Wenn ein Schiff untergegangen oder gestrandet ist, so rettet ein jeder das Seinige, was er daraus rettet, für sich, gleichwie aus einer Feuersbrunst.

8.) Wer zu Erleichterung eines Schiffs Sachen auswirft, hat nicht die Absicht, sie aufzugeben, weil er sie vielmehr, wenn er sie wieder fände, mitnehmen, und wenn er vermutete, wohin sie versunken wären, aufsuchen würde, so dass es dasselbe ist, als wenn jemand, von einer Last gedrückt, etwas auf den Weg wirft, um mit anderen zurückzukehren und es mitzunehmen.

9.) Bittschrift des Eudamon aus Nikomedien an den Kaiser Antoninus. Herr Kaiser Antoninus, wir sind, nachdem wir bei Italien Schiffbruch gelitten, von den Zollpächtern, die auf den Kykladischen Inseln wohnen, geplündert worden. Antoninus antwortete dem Eudämon: Ich bin zwar Gebieter der Welt, aber das Gesetz ist es des Meeres; nach dem Seegesetz der Rhodier ist, soweit nicht eines unserer Gesetze entgegensteht, dies zu entscheiden

10.) pr. Wenn du dein Schiff zu Sklavenfracht verdungen hast, so gebührt dir für einen Sklaven, der auf dem Schiffe stirbt, kein Frachtlohn. Paulus: Vielmehr kommt es darauf an, wie gehandelt worden ist; ob die Fracht für die, welche eingeschifft, oder für die, welche anlangen würden, bezahlt werden sollte ; wenn dies nicht ausgemittelt werden kann, so ist es für den Schiffer genug, wenn er beweist, dass der Sklave eingeschifft worden.

§ 1 Wenn du ein Schiff unter der Bedingung gemietet hast, dass deine Waren damit verschifft werden sollten, der Schiffer aber diese Waren , ohne dazu genötigt zu sein, und da er wusste, du wollest dies nicht, auf ein schlechteres Schiff umgeladen hat, und deine Waren mit diesem Schiffe untergegangen sind, mit welchem sie zuletzt gingen, so hast du gegen den ersten Schiffer die Klage aus dem Mietvertrag. Paulus: Das Gegenteil aber gilt, wenn beide Schiffe auf dieser Fahrt untergegangen sind, sofern dies ohne bösen Willen und Fahrlässigkeit des Schiffsvolks geschehen ist. Dasselbe wird Rechtens sein, wenn der erste Schiffer von Amts wegen zurückgehalten und mit deinen Waren zu schiffen verhindert worden ist. Dasselbe wird auch Rechtens sein, wenn er die Fracht unter der Bedingung von dir übernommen hat, dass er dir eine gewisse Strafe zu zahlen habe, wenn er nicht bis zum bestimmten Tage deine Waren an dem Orte ausgeschifft haben werde, wohin du sie verladen hast; er aber ohne seine Schuld glaubte, es sei ihm diese Strafe erlassen. Eben dasselbe wird auch in eben diesem gedachten Falle zu beobachten sein, wenn bewiesen wird, dass der Schiffer durch Krankheit an der Fahrt behindert worden sei. Und dasselbe wird zu sagen sein, wenn sein Schiff, ohne bösen Willen oder Fahrlässigkeit von seiner Seite, schadhaft wird.

§ **2** Wenn du ein Schiff von zweitausend Amphoren gemietet, und einige Amphoren darauf gebracht hast, so bist du die Fracht für zweitausend Amphoren schuldig. Paulus: Vielmehr, wenn das Schiff im Ganzen gemietet ist, so gebührt allerdings die Fracht für zweitausend; wenn aber der Frachtlohn nach der Zahl der Amphoren bedungen ist, so gilt das Gegenteil ; nämlich du bist dann für soviel Amphoren schuldig, als du hineingebracht hast.

Dig. 22. Buch.

Zweiter Titel.
DE NAUTICO FOENORE.
(Von den Seezinsen)

1.) *Traiecticia pecunia* heißt das [Geld], welches über das Meer geführt wird; sonst, wenn es an demselben Orte verbraucht werden sollte, so wird es nicht *traiecticia pecunia* heißen. Aber es ist zu untersuchen, ob Waren, welche mit solchem Gelde angeschafft worden sind, eben dahin gerechnet werden. Und es kommt darauf an, ob auch sie auf Gefahr des Gläubigers verschifft werden sollen, dann nämlich wird [ein] *traiecticia pecunia* zu nennendes Darlehen begründet.

2.) *Labeo* sagt, wenn niemand da sei, der von Seiten des Versprechers eines über das Meer zu versendenden Darlehens gemahnt werden könne, so müsse man eben dies in die Protestation aufnehmen, damit es als Forderung gelten könne.

3.) Bei einem Seedarlehen trifft die Gefahr den Gläubiger von dem Tage an, an welchem das Schiff nach der Übereinkunft absegelt.

4.) **pr.** Es macht keinen Unterschied, ob man ein über Meer zu versendendes Darlehen, ohne dass der Gläubiger die Gefahr übernahm, erhalten hat, oder ob es nach einem im Voraus festgesetzten Tage oder der Erfüllung einer Bedingung auf die Gefahr des Gläubigers zu stehen aufgehört habe; und in beiden Fällen wird also ein höherer als der gesetzliche Zins, nicht geschuldet werden; jedoch in dem ersteren Falle immer, in dem anderen aber, nachdem [der Gläubiger für] die Gefahr [zu stehen] aufgehört hat. Auch werden die Pfänder oder Hypotheken unter dem Vorwand von höherem Zins nicht haften.

§ 1 Das, was für die Dienste eines Sklaven, welcher um eines übers Meer gehenden Darlehens willen [auf dem Schiffe]
mitgefahren ist, für die einzelnen Tage in die Stipulation gebracht worden ist, wird [nur] bis auf Zwölf vom Hundert,
[auch] nicht über das Doppelte [des Hauptstammes] hinaus
geschuldet. Was in der Stipulation, welche über [die Leistung]
von Zinsen nach der Zeit der Gefahr, besonders eingegangen
worden ist, an den gesetzlichen Zinsen fehlen wird, das kann
durch die andere Stipulation [wegen Vergeltung] der Dienste
ergänzt werden.

5.) pr. Es findet auch dann eine Vergütung [für die Über-
nahme] der Gefahr statt, wenn du auf den Fall, dass eine Bedingung, sei es auch eine Straf- [Bedingung], nicht eintritt,
das, was du gegeben haben wirst, wiedererhalten wirst und
überdies noch etwas außer dem Geld, wenn [das Geschäft]
nur nicht in eine Art verbotenen Spieles übergeht, wie z. B.
die [Geschäfte nicht verboten sind], aus welchen Kondiktio-
nen zu entstehen pflegen, wie wenn du freilassen solltest,
wenn du das nicht tun solltest, wenn ich nicht werde gesund
werden und so weiter.

Auch wird man [über den Fall] kein Bedenken tragen, wenn
ich einem Fischer, der für die Werkzeuge [zum Fischfang] eine
Ausgabe machen will, viel Geld [unter der Bedingung] gegeben haben sollte, dass er es mir [nur dann,] wenn er [etwas]
gefangen hatte, wiedergeben sollte, und [wenn ich] einem
Wettkämpfer [Geld], mit welchem er [die Kosten für] seinen
Unterhalt und seine körperlichen Übungen bestreiten sollte
[unter der Bedingung gegeben haben sollte,] dass er es [nur
dann], wenn er gesiegt hätte, zurückgeben sollte.

§ 1 In allen diesen Fällen aber nützt auch ein *pactum* ohne
Stipulation zur Vermehrung der Verbindlichkeit.

6.) Ein Geldverleiher hat dafür, dass er Geld gegen Seezinsen darlieh, einige Waren in dem Schiffe zum Pfand erhalten;
und auf den Fall, dass von diesen [Waren] nicht die ganze

Schuld bezahlt werden konnte, hat er das, was von anderen Waren, welche auf andere Schiffe verladen und besonderen Geldverleihern [als Pfänder] verbindlich waren, etwa übrig sein würde, zum Pfand erhalten. Man hat gefragt, wenn [jenes] besonders [verpfändete] Schiff, aus welchem die ganze [Schuld] hätte bezahlt werden können, untergegangen sei, ob dieser Schaden den Gläubiger treffe, wenn das Schiff innerhalb der vorher festgesetzten Tage zu Grunde gegangen sei, oder ob er zu dem Überschuss auf den übrigen Schiffen zugelassen werden könne. Ich habe zum Bescheid gegeben: Sonst gehört zwar eine Verminderung des Pfandes zum Schaden des Schuldners, nicht auch des Gläubigers; aber wenn Geld, welches über das Meer versendet werden soll, so dargeliehen wird, dass dem Gläubiger die Forderung desselben nicht anders zustehen solle, als wenn das Schiff wohlbehalten innerhalb der festgesetzten Zeit angelangt sein würde, so scheint, wenn die Bedingung nicht eintrat, die Verbindlichkeit des Darlehens selbst weggefallen zu sein. Und darum ist auch die Verfolgung der Pfänder untergegangen, auch derjenigen, welche nicht verloren gegangen sind, wenn das Schiff innerhalb der bestimmten Tage zu Grunde gegangen war, und es scheint auch die Bedingung der Stipulation weggefallen zu sein, und darum fragt man ohne Grund wegen der Verfolgung der Pfänder, welche in anderen Schiffen sich befunden haben. Wann hätte also wohl der Gläubiger zur Verfolgung jener Pfänder zugelassen werden können? Dann, wenn die Bedingung der Verbindlichkeit eingetreten gewesen, und das Pfand durch einen anderen Zufall verloren gegangen oder zu wohlfeil verkauft wäre, oder wenn das Schiff nachher, seitdem der für die Gefahr bestimmte Termin verflossen gewesen ist, zu Grunde gegangen wäre.

7.) In einigen Kontrakten werden auch Zinsen [in Folge eines *pactum*] auf eben die Weise geschuldet, wie vermöge einer Stipulation; denn wenn ich Zehn, welche übers Meer versendet werden sollen, [unter der Bedingung] gegeben haben werde, dass ich sie, wenn das Schiff wohlbehalten [angelangt sei], mit den bestimmten Zinsen zurückerhalten solle, so muss man sagen, dass ich den Hauptstamm mit den Zinsen zurückerhalten könne.

8.) *Servius* sagt, dass die Strafe wegen eines Darlehens, welches über das Meer versendet worden ist, nicht gefordert werden könne, wenn es an dem Gläubiger gelegen hätte, dass er es innerhalb der bestimmten Zeit nicht erhalten hat.

9.) Wenn bei dem Geld, welches über das Meer versendet worden ist, eine Strafe, wie es zu geschehen pflegt, versprochen worden ist, so kann, obwohl an dem Termin, welcher der erste für die Bezahlung des Geldes gewesen ist, Niemand gelebt hat, welcher jenes Geld schuldete, gleichwohl die Strafe ebenso verfallen, als wenn ein Erbe des Schuldners vorhanden gewesen wäre.

Codex 4. Buch.

33. Titel.

DE NAUTICO FOENORE.
Schiffsdarlehen

1.) ------------
2.) Dass Schiffsdarlehen, das auf Gefahr des Gläubigers gegeben wird, so lange bis das Schiff im Hafen eingelaufen, an Beobachtung des gemeinen Zinsfußes nicht gebunden ist, leuchtet ein.

3.) Da du angibst, Geld unter der Bedingung vorgeschossen zu haben , dass es dir in der Kaiserstadt wiedererstattet werde, und nicht anführst, dass du die Ungewissheit und Gefahr, welche bei der Seefahrt zu fürchten ist, übernommen habest, so ist kein Zweifel, dass du von dem dargeliehenen Gelde nicht über das gesetzliche Maß Zinsen fordern kannst.

4.) Da du angibst, dass du ein Schiffsdarlehen unter der Bedingung hergegeben hast, dass, wenn in Folge der, laut Angabe des Schuldners, nach Afrika zu richtenden Fahrt das Schiff in den Hafen von Salona einliefe, das zinsbare Kapital dir zurückgegeben werden sollte, so dass du also bloß für die nach Afrika bestimmte Fahrt die Gefahr übernommen habest, und dass nun durch Ungebühr des Schuldners, wobei nicht einmal der Bestimmungsort der Fahrt beobachtet worden, unerlaubte Waren eingekauft worden seien, worauf der Fiskus die Ladung des Schiffs in Beschlag genommen habe, so erlaubt das öffentliche Recht nicht, dass der Schaden der verlorenen Waren, welcher nicht aus Gefahr eines Seesturms, sondern aus unbesonnenem Geize und unbürgerlicher Verwegenheit des Schuldners entstanden sein soll, dir zur Last falle.

5.) Wegen Seedarlehens, welches auf Gefahr des Gläubigers dargeliehen wird, trifft der Zufall den Schuldner nicht eher, als bis das Schilf an seinem Bestimmungsort angelangt ist. Freilich wird durch einen solchen Vertrag der Schuldner nicht von dem Unglücke eines Schiffbruchs befreit.

Dig. 4. Buch.

Neunter Titel.

NAUTAE, CAUPONES, STABULARII, UT RECEPTA RE-STITUANT.

(Dass Schiffsreeder, Gastwirte, Stallwirte die aufgenommenen Sachen zurückgeben sollen.)

1.) **pr.** Der Prätor sagt: WENN SCHIFFSREEDER, GASTWIRTE, STALLWIRTE DASJENIGE, WAS SIE IRGEND FÜR JEMANDEN ZUR AUFBEWAHRUNG AUFGENOMMEN HABEN, NICHT ZURÜCKGEBEN WERDEN, SO WERDE ICH GEGEN SIE EINE KLAGE GESTATTEN.

§ 1 Der Nutzen dieses Edikts ist sehr groß, weil es meist notwendig ist, sich ihrer Ehrlichkeit zu überlassen und Sachen ihrer Verwahrung anzuvertrauen. Auch bilde sich niemand ein, es sei dies [zu] strenge gegen sie angeordnet worden. Denn es steht in ihrer Willkür, Gastwirtschaft zu treiben, und wäre dies nicht verordnet worden, so würde ihnen Veranlassung gegeben werden, sich mit Dieben gegen diejenigen, welche sie bei sich aufnehmen, zu verbinden, zumal sie nicht einmal jetzt sich solcher Betrügereien enthalten.

§ 2 Fragen wir nun darnach, welche Personen es sind, die [nach diesem Edikte] haften. Der Prätor sagt: *nautae* (Schiffsreeder). Unter *nauta* müssen wir [hier] den verstehen, welcher ein Schiff zum Gewerbe hält, obschon [sonst] alle diejenigen *nautae* heißen, welche des Schiffens halber sich auf dem Schiffe befinden. Aber der Prätor hat bloß den Schiffsreeder im Sinne, denn es soll ja, sagt *Pomponius*, ihm nicht durch den Ruderknecht oder Signalgeber eine Verpflichtung auferlegt werden, sondern [nur] durch sich selbst oder den Schiffsmeister, obgleich er, wenn er selbst einem von den Matrosen [die Verwahrung- fremder Sachen] zu überlassen befohlen hat, unstreitig für verpflichtet angesehen werden muss.

§ 3 Es gibt nun einige auf den Schiffen, welche zur Verwahrung [fremder Sachen] auf den Schiffen die Aufsicht erhalten, z.b. die Schiffswächter und Kajütenaufseher. Wenn also einer von diesen fremde Sachen aufgenommen hat, so glaube ich, dass gegen den Schiffsreeder eine Klage zu gestatten sei, weil derjenige, welcher dergleichen Leute einem solchen Geschäftskreise vorsetzt, dadurch zugleich die Erlaubnis gibt, dass ihnen etwas anvertraut werde, wenn auch der Schiffspatron selbst oder der Schiffsmeister das täte, was man <griech.> nennt. Wenn dies aber auch nicht vorhanden wäre, so wird doch der Schiffsreeder aus der Aufnahme [der fremden Sachen] gehalten sein.

§ 4 Über diejenigen, welche Flöße führen, desgleichen über Kahnführer wird im Edikte nichts verordnet, aber Labeo schreibt, es müsse rücksichtlich ihrer dasselbe zur Anwendung kommen, und dies ist bei uns Rechtens.

§ 5 Unter Gastwirten aber und Stallwirten werden wir auf ähnliche Weise diejenigen verstehen, welche Gasthofs- oder Stallwirtschaft treiben, wie auch ihre Verwalter. Wer jedoch den Dienst eines bloßen Aufwärters, wie z.B. Türhüter und Ofenheizer und ähnliche Leute, verrichtet, ist darunter nicht mit begriffen.

§ 6 Der Prätor sagt: „WAS SIE IRGEND FÜR JEMANDEN ZUR AUFBEWAHRUNG" aufgenommen haben, das heißt, was irgend für eine Sache oder Ware sie aufgenommen haben. Daher findet man denn bei *Vivianus* angeführt, dass auch auf solche Sachen dieses Edikt gehe, welche zu den Waren hinzukommen, z.B. Kleidungsstücke, deren man sich auf dem Schiffe bedient, und andere [Gegenstände], die wir zum täglichen Gebrauche haben.

§ 7 Desgleichen schreibt Pomponius, es mache keinen Unterschied, ob wir unsere Sachen oder fremde hineingeschafft

haben, wenn uns nur daran gelegen sei , dass sie unbeschä-
digt bleiben. Denn sie müssen ja vielmehr uns, als denen,
welchen sie angehören, wiederausgehändigt werden. Und
demnach wird, wenn ich Waren als Pfand für ein Seedarlehen
empfangen habe, der Schiffsreeder, wenn er sie von mir in
Empfang genommen hat, mir mehr, als dem Schuldner, verpflichtet sein. DSL

§ 8 Er nimmt also [fremde Sachen] zur Aufbewahrung auf.
Werden nun die auf das Schiff geschickten Sachen [erst],
wenn sie ihm [namentlich] überwiesen worden sind, oder,
obschon sie nicht namentlich angegeben worden sind, bloß
des Umstandes wegen, dass sie in das Schiff geschickt worden
sind, als aufgenommen angesehen? Ich bin der Meinung, dass
er die Verwahrung aller Sachen übernehme, welche in das
Schiff gebracht worden sind, und dass er nicht bloß für die
Handlungsweise der Schiffsleute, sondern auch der Mitfahrenden stehen müsse,

2.) wie auch der Gastwirt für die der Reisenden;

3.) pr. und so schreibt von den Handlungen der Mitfahrenden auch Pomponius. Derselbe sagt, dass, wenn die Sachen,
deren Aufnahme er einmal zugesagt hat, auch noch nicht in
das Schiff aufgenommen worden, sondern am Gestade zu
Grunde gegangen waren, doch die Gefahr ihn treffe.

§ 1 Der Prätor sagt: WENN SIE NICHT ZURÜCKGEBEN, SO WERDE
ICH, GEGEN SIE EINE KLAGE GESTATTEN. Aus diesem [Teile] des
Edikts geht eine Klage auf das Geschehene hervor. Nun fragt
sich nur, ob sie überhaupt notwendig sei, weil in diesem Falle
eine bürgerlich rechtliche Klage wird angestellt werden können. Wenn nämlich ein Lohn ausbedungen worden ist, [wird]
sowohl aus der Vercharterung als aus dem Transportvertrag
[geklagt werden können]. Ist nämlich das ganze Schiff verchartert worden, so kann derjenige, welcher es gechartert
hat, auch rücksichtlich der Sachen, die ihm fehlen, aus dem
Chartervertrag klagen. Wenn aber der Schiffsreeder Sachen,

um sie an einen bestimmten Ort zu bringen, übernommen hat, so wird er aus dem Transportvertrag belangt werden. Seien aber die Sachen von ihm ohne Vergütung aufgenommen worden, so habe gegen ihn, sagt Pomponius, die Klage aus der Hinterlegung angestellt werden können. Er äußert daher seine Verwunderung, warum [hier noch] eine honorarrechtliche Klage eingeführt worden sei, da doch bürgerlich rechtliche Klagen vorhanden seien; es müsste denn etwa, sagt er, deshalb [geschehen sein], damit bekannt werde, dass der Prätor für die Züchtigung der Unredlichkeit dieser Art von Menschen Sorge trage, und weil beim Mietkontrakt [nur] für Verschuldung, beim Hinterlegungskontrakt nur für Arglist gehaftet wird. Allein diesem Edikte zu Folge haftet derjenige, welcher [Sachen] aufgenommen hat, auf jede Weise, wenn auch ohne seine Schuld die Sache zu Grunde gegangen oder der Schaden entstanden ist, es müsste denn der Schaden durch reinen Zufall veranlasst werden. Deshalb schreibt Labeo, es sei, wenn etwas durch Schiffbruch oder Gewalttätigkeit der Seeräuber zu Grunde gegangen wäre, nicht unbillig, ihm eine Einrede zu gestatten. Dasselbe gilt auch, wenn im Stalle oder im Gasthofe ein unabwendbares Naturereignis eingetreten ist.

§ 2 Auf dieselbe Weise sind Gastwirte und Stallwirte gehalten, wenn sie bei der Ausübung ihres Gewerbes [Sachen] aufnehmen. Übrigens werden sie, wenn sie ohne Beziehung auf ihr Gewerbe Sachen aufnehmen, nicht gehalten sein.

§ 3 Wenn ein Haussohn oder ein Sklave [in dieser Art etwas] aufgenommen hat, und die Einwilligung des Vaters oder des Herrn dazu gekommen ist, so wird derselbe auf das Ganze zu belangen sein. <ähnl. actio exercitoria>

Desgleichen wird, wenn ein Sklave des Schiffsreeders etwas weggenommen oder einen Schaden verursacht hat, die Noxalklage nicht statt finden, weil wegen der Aufnahme der Herr in seinem eigenen Namen belangt wird. Wenn dagegen [der Haussohn oder der Sklave] ohne Einwilligung [des Vaters oder des Herrn] ihr Gewerbe treiben, so wird gegen sie die Klage über das Sondergut gestattet werden.

§ 4 Diese [Klage] geht aber auf Wiedererlangung der Sache, wie Pomponius sagt; und aus diesem Grunde wird sie nicht nur gegen den Erben [des Beklagten], sondern auch als immerwährend erteilt werden.

§ 5 Zuletzt noch die Frage, ob man in Beziehung auf dieselbe Sache sowohl die honorarrechtliche Klage in Beziehung auf die geschehene Aufnahme, als auch die Diebstahlsklage, anstellen könne.

***4.)* pr.** <Regress> Aber auch dem Schiffsreeder selbst kommt, da er die Gefahr zu tragen hat, die Diebstahlsklage zu, er müsste denn selbst [eine fremde Sache] entwenden, und diese nachher wieder ihm entwendet werden, oder wenn ein Anderer [die Sache] entwendet, der Schiffsreeder selbst nicht zahlungsfähig sein.

§ 1 Wenn ein Schiffsreeder eines Schiffsreeders, ein Stallwirt eines Stallwirtes, oder ein Gastwirt eines Gastwirtes [Sachen] aufgenommen hat, so wird er auf gleiche Weise haften.

§ 2 *Vivianus* hat gesagt , dass das Edikt auch auf solche Sachen sich beziehe, welche, nachdem die Waren schon in das Schiff getragen und verdungen worden sind, etwa noch hinzugebracht werden, obwohl für sie kein Frachtgeld bezahlt wird, wohin z.B. Kleidungsstücke und der tägliche Mundvorrat gehören, weil solche Gegenstände der Verdingung der übrigen Sachen sich anschließen.

5.) pr. Der Schiffsreeder und Gastwirt und Stallwirt empfangen Lohn nicht für Verwahrung [fremder Sachen], sondern der Schiffsreeder, dass er Passagiere übersetze, der Gastwirt, damit er Reisende in dem Gasthofe verweilen lasse, der Stallwirt, um zu erlauben, dass Zugtiere bei ihm stallen; und doch sind sie rücksichtlich der Verwahrung verantwortlich. Denn auch ein Kleiderwäscher und ein Schneider empfangen nicht für Verwahrung, sondern für ihre Kunst, Lohn, und doch sind sie in Rücksicht auf Verwahrung der Klage wegen Verdingung unterworfen.

§ 1 Alles, was wir vom Diebstahle gesagt haben, muss auch vom Schaden angenommen werden, denn es darf nicht bezweifelt werden, dass derjenige, welcher etwas zur Aufbewahrung aufnimmt, sich nicht allein des Diebstahls, sondern auch der [Zufügung] eines Schadens zu begeben scheine.

6.) pr. Auch wenn du unentgeltlich im Schiff gefahren oder im Gasthofe unentgeltlich eingekehrt bist, werden dir doch die Klagen auf das Geschehene nicht abgesprochen werden, wenn du widerrechtlich Schaden erlitten hast.

§ 1 Wenn du dich meines Sklaven im Schiffe oder im Gasthofe bedienest und er mir Schaden zufügt oder mich bestiehlt, so kommt, wiewohl wider mich sowohl die Diebstahlsklage, als die wegen widerrechtlich zugefügten Schadens zusteht, mir doch jene Klage, weil sie auf die Tatsache geht, auch wegen meines Sklaven gegen dich zu. Dasselbe wird zu behaupten sein, wenn er uns beiden gemeinschaftlich gehörte, doch wirst du [wegen dessen], was du mir in seinem Namen geleistet hast, teils durch die Teilungsklage, teils durch die Klage aus dem Gesellschaftskontrakt, oder, wenn du ihn teilweise oder ganz gedungen hast, auch durch die Klage aus dem Mietkontrakt, mich als dir verpflichtet belangen können.

§ 2 Allein wenn ihm selbst ein Schaden durch einen Andern, der auf demselben Schiffe oder in demselben Gasthofe sich befindet, über dessen Handlung der Prätor [sonst] zu richten pflegt, zugefügt worden ist, so glaubt Pomponius nicht, dass seinetwegen diese Klage von Nutzen sein werde.

§ 3 Der Klage auf das Geschehene ist der Gastwirt rücksichtlich derjenigen ausgesetzt, welche des Wohnens wegen im Gasthofe sich befinden. Dies geht aber nicht auf den, welcher bei unerwartetem Einkehren aufgenommen wird, wie der Durchreisende.

§ 4 Gegen die Schiffsleute können wir uns aber der Diebstahlsklage oder der Klage wegen eines widerrechtlich zugefügten Schadens bedienen, jedoch müssen wir alsdann die Handlung einer bestimmten Person anklagen, allein wir werden mit einer derselben uns begnügen müssen. Haben wir gegen den Schiffsreeder Klage angestellt, so müssen wir ihm unsere Klagen [gegen Jene] überlassen, wie dem Schiffsreeder die Klage aus dem Mietkontrakt [außerdem] gegen sie zusteht. Sollte aber der Schiffsreeder von dieser Klage freigesprochen worden sein, hierauf aber gegen einen Schiffsmann Klage erhoben werden, so wird eine Einrede zugelassen werden, damit nicht mehrere Male über das Vergehen eines und desselben Menschen Untersuchung angestellt werde. Auch im entgegengesetzten Falle wird, wenn über das Vergehen eines bestimmten Menschen [bereits] verhandelt und dann die Klage auf das Geschehene angestellt worden ist, eine Einrede gestattet werden.

7.) pr. Es muss der Schiffsreeder für aller seiner Schiffsleute, sie seien Freie oder Sklaven, Handlungen Gewähr leisten. Und nicht wider Gebühr leistet er für ihr Betragen Gewähr, da er selbst sie auf seine Gefahr in Dienste genommen hat;

jedoch steht er nur dafür, wenn der Schaden im Schiffe selbst zugefügt worden ist. Sobald der Schaden außerhalb des

Schiffes, obschon von den Schiffsleuten, [veranlasst worden wäre], wird er nicht dafür stehen.

Desgleichen kann er, wenn er vorher erklärt haben sollte, dass jeder der Mitreisenden auf seine Sachen Acht haben möge und dass er für keinen Schaden stehen werde, und die Mitfahrenden ihre Zustimmung in diese Erklärung gegeben hatten, nicht belangt werden.

§ 1 Diese Klage auf das Geschehene geht auf das Zwiefache.

§ 2 Wenn aber die Schiffsleute sich unter einander Schaden zugefügt haben, so geht dies den Schiffsreeder nichts an. Sollte jedoch Jemand Schiffer und [zugleich] Kaufmann sein, so wird ihm [eine Klage gegen den Schiffsreeder] gestattet werden müssen. Wenn ferner Jemand [unter diejenigen] gehört, welche man insgemein <griech. = Menschen, die für ein Fahrgeld die Ruder führen> nennt, so wird ihm [der Schiffsreeder] auch verpflichtet sein, aber [auf der andern Seite] auch, da jener zugleich unter die Schiffsleute gehört, für dessen Handlungen stehen.

§ 3 Wenn der Sklave eines Matrosen Schaden verursacht hat, so wird es, obwohl der Sklave kein Matrose ist, doch der Billigkeit höchst angemessen sein, gegen den Schiffsreeder eine analoge Klage zu gewähren.

§ 4 Dieser Klage ist aber der Schiffsreeder in seinem eigenen Namen ausgesetzt, und zwar wegen seiner eigenen Verschuldung, dass er solche Menschen in seine Dienste genommen hat; und daher wird er auch, wenn sie gestorben sein sollten, seiner Verbindlichkeit nicht entledigt werden. Wegen seiner eigenen Sklaven aber ist er lediglich einer Noxalklage unterworfen. Denn wenn er fremde [Sklaven] in seine Dienste nimmt, so muss er [zuvor] Untersuchung darüber anstellen, von welcher Zuverlässigkeit und von welcher Rechtschaffenheit sie seien; bei seinen eigenen [aber] verdient er Entschuldigung, wenn er sie ohne Auswahl zur Ausrüstung des Schiffes gebraucht haben sollte.

§ 5 Wenn Mehrere ein Schiff führen, so wird Jeder nach demjenigen Anteile, zu welchem er das Schiff führt, belangt.

§ 6 Die hier erwähnten Klagen sind, wiewohl honorarrechtliche, doch immerwährend; gegen den Erben werden sie aber nicht gestattet werden. Demnach wird auch, wenn ein Sklave ein Schiff geführt hat und gestorben ist, die Klage wegen des Sonderguts gegen den Herrn nicht bewilligt werden, nicht einmal innerhalb Jahresfrist. Wenn aber ein Sklave oder ein Haussohn unter Einwilligung des Vaters oder des Herrn ein Schiff geführt, oder einen Gasthof oder einen Stall halten sollte, so meine ich, dass letztere auch dieser Klage in Beziehung auf die ganze Schuld [des Sklaven oder des Haussohnes] sich unterwerfen müssen, gleich als ob sie alles, was daselbst vorfällt, mit der Verpflichtung, für das Ganze zu haften, übernommen hätten.

Dig. 47. Buch.

Fünfter Titel.

1.) pr. Wider diejenigen, die einem Schiff, einem Gasthofe der einer Stallwirtschaft vorstehen, wird, wenn angegeben wird, dass von irgendeiner derjenigen Personen, jeden Geschlechts, welche sie daselbst haben, ein Diebstahl begangen worden sei, eine Klage erteilt, es mag mit des Vorstehers Hülfe und Rath ein solcher begangen worden sein, oder eines derer, die sich auf dem Schiffe des Schiffens wegen befinden.

§ 1 Des Schiffens halber ist so zu verstehen, deren Dienst dazu angewendet wird, damit das Schiff in Bewegung gesetzt werde, d. h. die Matrosen.

§ 2 Und zwar findet die Klage auf das Doppelte statt.

§ 3 Wenn neulich in dem Gasthofe oder auf dem Schiffe eine Sache verloren gegangen ist, so wird nach des Prätors Edikt der Schiffsreeder oder Gastwirt verbindlich, sodass es in dessen Gewalt steht, dem die Sache gestohlen worden ist, ob er lieber wider den Reeder nach ius honorarium oder gegen den Dieb nach bürgerlichem Rechte klagen will.

§ 4 Wenn der Gastwirt oder Schiffer etwas auf seine Verantwortung angenommen hat, so hat nicht der Eigentümer der gestohlenen Sache die Diebstahlsklage, sondern Ersterer selbst, weil er durch diese Aufnahme die Gefahr der Verwahrung übernommen hat.

§ 5 Namens seines Sklaven kann sich übrigens der Reeder durch Auslieferung an Schadens Statt befreien. Warum wird nun hier der Reeder nicht bestraft, der einen so schlechten Sklaven im Schiffe hat ? Und warum haftet er eines freien Menschen wegen auf das Ganze, seines Sklaven wegen aber nicht? Wohl deswegen, weil er, wenn er einen freien Menschen anstellt, darauf achten muss, wie sein Charakter sei, in

Ansehung seines Sklaven ihm aber Verzeihung darum zu gewahren ist, als sei es ein häusliches Übel, sobald er zur Auslieferung an Schadens Statt bereit ist. Wenn er aber einen fremden Sklaven angenommen hat, so haftet er wie wegen eines freien Menschen.

§ 5 Der Gastwirt vertritt die Tat derer, die in seinem Gasthofe, um den Dienst daselbst zu versehen, sich befinden, sowie derer, die sich des Wohnens wegen dort aufhalten. Die Handlungen der einkehrenden Reisenden hat er aber nicht zu vertreten. Denn rücksichtlich der Einkehrenden kann man nicht annehmen, dass sich der Gastwirt dieselben auswähle, und ebenso wenig kann er Reisende abweisen. Allein die immerwährenden Bewohner wählt sich gewissermaßen der selbst, der sie nicht abweist, und darum muss er ihre Handlungen vertreten. Auch wird auf dem Schiffe die Handlung der Passagiere nicht vertreten.

Die **lateinischen Texte** finden Sie hier:
https://droitromain.univ-grenoble-alpes.fr/.
Eine **englische Version** gibt's da:
https://constitution.org/2-Authors/sps/sps.htm.